JN043633

音楽科授業
サポート
BOOKS

子どもがもっとアクティブに！

小学校音楽

「言葉がけ」の アイデア 100

岩井 智宏 著

★ しゃきっと立ちができているね 歌唱・心の解放
★ ピッタリリズムできるかな？ 器楽
★ みんな発見名人だね 音楽づくり・鑑賞
★ 画面に手が出ているのはやる気 オンライン …など

前向きな声がけの積み重ねで
「気になるあの子」もじわじわ動き出す！

明治図書

はじめに

　私たち教師は，子どもたちにどれくらいの言葉をかけているのでしょう。

　1日1日，きっと数えきれないくらいの言葉をかけていると感じます。その多さゆえに，どんな言葉をかけたか一つひとつを記憶できないのが正直なところです。

　私のこれまでの教師生活を思い返してみると，一つの言葉で子どもたちとの関係が良好になった経験やその逆の経験もたくさんしてきました。関係だけでなく，子どもたちが一つの言葉から活動に前向きになってくれる場面や，その逆もたくさんあったように思います。それだけ言葉には強い力が宿っていると感じます。

　冷静に考えると，一つひとつの言葉がけを大切にしながら教育しなければいけないと頭では理解できるのですが，実際に毎日多くの子どもたちに接していると，その日々の慌ただしさに一つひとつの言葉への責任が無意識に低下しネガティブ（ここでのネガティブの使い方は『感情的に怒る』という定義にします）な言葉をかけてしまった先生方もいらっしゃるのではないでしょうか。私もその一人です。

　人は元々「ふざけている様子」「不真面目な様子」「無気力な様子」などのマイナス面が一番に目に入ってくる特徴をもっているように思います。いわゆる，人のマイナス部分の発見です。

　例えば，クラスに35人子どもがいたとして，その中のたった1人が活動に取り組めていない場合でも，驚くほど目に入ってきて気になってしまいます。34人が前向きに活動しているのにもかかわらず，その1人が目に入ってくるというのは実はすごいことですね。感覚に任せて教育してしまうと，34人の前向きな様子を認める前に1人の子どもばかりにネガティブな言葉をかけてしまいかねません。

　また，その逆で35人の中で1人が一生懸命やっている状況であった場合，その1人を探すのは容易ではありません。むしろクラス全体が崩れているように見えて，そのような前向きな子どもが存在することすら頭に浮かばず，教師は自信をもってクラス全体へ，ネガティブな言葉がけをしてしまう状況になりやすいのではないでしょうか。

これは，その言葉がけをした先生が悪いのではなく，やはりマイナス面が見えてしまうという誰もが元々もっている素質であるように感じます。だからこそ，その人間としての素質を理解したうえで様々な状況に対応できる言葉がけを普段から考えていきたいですね。

　では，そもそも子どもたちにネガティブな言葉がけをする理由は何でしょう。

　きっと「子どもたちを痛めつけたい」と思っている先生は誰一人いないはずです。我々教師が願っている共通点は，言葉がけした後につながってほしい「すべての子どもたちの成長」だと思います。そうであれば，その言葉がけの先にある子どもたちの変化に目を向けて声をかけていきたいと考えます。

　私の経験ではネガティブな言葉の先にある子どもの変化を見つめると「大人への憎悪」「自己肯定感の低下」「好奇心の低下」など，自分のイメージしている成長につながらなかったのが正直なところです。成長を願っているにもかかわらず，そのような結果になったことを見つめてみると，ネガティブな言葉がけは，その瞬間だけにスポットが当たってかけられている言葉だからではないでしょうか。何か問題が起きたときに，

　「どうしてこうなったのだろう？」

　「このような行動になっているのには何か理由があるのではないか？」
と考えることができたら，きっと子どもたちへの言葉がけは大きく変わっていきます。子どもをほめるときも叱るときも，それまでのプロセスに目を向けると，きっと自分自身の子どもへの言葉がけの変化を体感できると思います。これらは，実際の教育現場経験からの印象ですが，様々な研究者の著書でも「結果ではなくプロセスに目を向けた言葉がけを」（島村華子著『自分でできる子に育つ　ほめ方　叱り方』ディスカヴァー・トゥエンティワン，2020）という文章をよく目にするようになってきました。

　ぜひ，子どもの「活動しよう!!」としているプロセスに目を向けて一緒に言葉がけを考えていきましょう。それでは，Let's try!!

岩井　智宏

Contents

🎼 共通事項

👆 オンライン

🎤 困った場面

授業外での場面

「言葉がけ」で
子どもがもっと
アクティブに！

子どもの参加意欲をうながす言葉がけ

音楽という教科の特徴の一つとして，基本的に活動がアクティブなものが多いということが挙げられます。

それは，「歌を歌う」という音楽活動においてはごく普通にある活動の一つにしても，前向きな心をもっていないと成立しないということです。むしろ，声を出すといった活動は，子どもたちが心の中で「歌いたくない」と決めてしまったら声を出してくれなくなってしまう難しい活動です。

このように考えると，一つひとつの活動に取り組んでくれることは，ただ技能をもっていれば成立するわけではなく，前向きな気持ちやみんなの前でも声を出せる勇気，クラスの環境など様々な力が必要となります。考えれば考えるほど，子どもたち一つひとつの行動に大きな価値を感じますね。

一人ひとりの子どもたちが自分自身で，授業に対して自然に前向きな気持ちをつくって活動に取り組んでくれると，教師にとってはとても教育しやすい環境ですが，きっと実際の現場は，子どもによって様々なモチベーションが存在するというのが現実ではないでしょうか。

そこで私が大切にしていることは，

音楽室に来てくれてありがとう

といった気持ちを根底にもつことです。たとえ活動に前向きに取り組めていないとしても，まずは音楽の学びの空間である音楽室には来てくれている。その事実に目を向けるようにしています。

また，この事実は決して，子どもたちを見る目が甘いのではないと私は考えています。例えば，不登校になってしまった子どもがいたとして，その子どもへかける言葉でよく耳にするのは，

「何もしなくていいから，学校に来るだけで大丈夫だよ」
「保健室に来るだけでもいいよ」
「好きな教科だけでも大丈夫」
などが浮かびます。

　きっと我々教師は子どもが学校に来られなくなったときに，子どもが健康で学校に来てくれることのありがたさやすばらしさを心から感じるからではないでしょうか。その感覚を授業で生かすために，子どもが来てくれているうちに「音楽室に来てくれてありがとう」という気持ちを大切にしたいと思っています。

　音楽室に来る，といった当たり前のように感じる観点に価値を見いだし，目を向けることができるようになると，次々と子どもたちの活動に向かおうとする小さなプロセスが目に入ってくるようになります。例えば，
「挨拶もできるんだね」
「しっかり座れたね」
「前も向けたね」
「足が床にしっかりついているよ」
「教科書が持てたね」
「行動が早いなー」
「口が動いている」
「友達にもアドバイスができたね」
など，やって当然と思っていた子どもたちの小さな変化が目に入ってきて，自然とプロセスに目を向けた言葉がけが教師の中に生まれてくると思います。時には，ずっと机に顔を伏せていた子どもが顔を上げてくれたことで大きな喜びを感じ始めます。

　このような発見は活動の中でも生かされます。p.44で紹介している活動「拍に合わせて足踏みしよう」など視覚的に活動している様子が見取れるものに関しては，たくさんの事実を発見できます。

「足が動いているね」

「拍に合っているよ」

「しっかり止まれたよ」

　このように，活動に向かっている姿にしっかりと焦点を当てた言葉がけが生まれてきます。

　言葉がけというのは，あくまで想いを伝えるための手段の一つです。だからこそ，言葉を生み出すための根底である「想い」や「感動」をもてる心が大切です。子どもの見つめ方を変えることで，子どもたちに対する想いや感動がきっと生まれ，それぞれの先生方に合ったたくさんの言葉がけが発見できてくるように感じます。

　全国各地でセミナーをしていると，子どものどこをほめたらよいかわからないという声も耳にします。言葉がけという手段に目を向けてしまうと，なかなか適切な瞬間に前向きな言葉が生まれてきません。そこで，言葉をつくる根底である「想い」や「感動」を生み出すために，「子どもの見つめ方」をもう一度考えてみましょう。

　このような観点で言葉が生まれてきたら次なるポイントは，

小さな事実を真剣にほめる（伝える）

ことです。

　子どもの見つめ方を変え，子どもが変化していくプロセスが目に入ってくると，このポイントが重要になってきます。

　言葉とは，伝えたい想いがあって使うときにこそ大きな力を発揮します。「ほめたらよい」という概念だけで，「いいね」「できているよ」などの言葉を使っては，逆に子どもたちから口先だけの言葉と見抜かれてしまいます。自分自身で子どもの変化を見つけて，その事実をしっかり伝えていきましょう。

前向きな言葉がけを生み出す 分析方法

　前向きな言葉がけを，少し分析してみましょう。まず，自分自身が子どもたちに普段前向きな言葉をどれくらいかけているでしょうか。

　授業の録音や録画などをして分析してみると，自分がどのような言葉がけが多いか客観的に見ることができます。

　また，子どもたちに，

「先生はみんなにどんな言葉がけが多い？」

と聞ける関係であれば聞いてみるのも，勇気がいりますが意外と的確な答えが返ってきます。

　どんな事例においても，物事には成長面と課題面が存在します。例えば，自分が一生懸命取り組んできたことで考えてみましょう。

　私は音楽大学出身で，ピアノを専攻していました。練習を重ねていくと，少しずつ弾けるようにはなるものの（成長），どこまで進んでも課題は生まれてきます。これはきっとどの分野においても，同じ現象が起こるのではないでしょうか。

　このしくみを子どもに当てはめてみると，1日1日の学校生活を自分なりに頑張って少しずつ成長しても，ゴールはないということになってきます。課題はずっと生まれ続けます。その原理から行くと，我々大人の考え方次第で，ずっと前向きな言葉が子どもたちにかけられない可能性もあるということです。いわゆる「まだ足りない」といった，課題面にいつも焦点が当たる言葉がけに偏ってしまうということです。

　もちろん，歳を重ねて自分のやりたいことが決まってきて，物事を極めていけばいくほどゴールの果てしなさを知り，追求することが苦しくなることもあるかと思います。その場合は，課題面と向き合うことは避けられません。

金メダリストとして世界一になったような人でも，いつも次なる課題を見つけて精進を続けている姿をメディアなどで目にするのがよい例だと思います。

　しかし，まだ何を極めていくかわからない可能性に満ちあふれた子どもたちにとって大切なことは，自分自身の可能性に期待できる心の育成ではないでしょうか。やりたいことを見つけたときに，自分ならできるかもしれないと思える心です。「まだ足りない」「できていない」などの言葉をかける前に，まずはしっかりと子どもの成長部分に目を向けることに焦点を当てることが大切だと考えます。

成長部分に目を向ける

　このポイントは，自分（教師）の中でいつも心の中にもっておきたい考えです。このポイントに目が向くようになると，子どもたちに伝える言葉がけが自然と前向きになってくると感じます。

　なぜなら，子どもたちの成長が目に入るようになると，教師にとっては，とても嬉しい瞬間を目にすることになるからです。課題面にばかり目を向けてしまうと，なかなかその嬉しい瞬間が起こっていても不思議と目に入ってきません。むしろ気がつけば，課題面に対してマイナスの言葉ばかりをかけてしまうことさえ出てきてしまいます。その結果，言葉がけは前向きな言葉から離れていってしまいます。

　「はじめに」でもお伝えした通り，人はどうしてもマイナス面に目が向いてしまう特性をもっています。だからこそ，意識的に子どもの小さな成長に目が向くように心がけましょう。これは，子どもの見方さえ変わればきっと誰でもできることだと思っています。

　例えば，授業やホームルームなどの中でたくさんの子どもたちに手を挙げてほしい場面があったとします。そのときに手が挙がらなかったら，

手を挙げることは難しいこと

と定義づけることができれば，手を挙げることができたときに大きな成長を感じられるようになり，

「手を挙げる勇気がもてたね」
「自分の意見が生まれてきたね」
「私には考えがありますのサインだね」
「ぴしっと挙げている手に気持ちを感じるよ」

などの前向きな言葉がけが生まれてきます。

　実際，私は手を挙げることは難しいことだと思っています（詳しくはPart2・p.37をご覧ください）。だからこそ心からこれらの言葉を子どもたちに伝えたくなります。

　日本財団がアジア，アメリカ，ヨーロッパなどで行った「18歳意識調査」（日本財団，2019）からは，「自分で国や社会を変えられると思う」という質問に Yes と答えた日本人は18パーセントという結果だったそうです。これは調査のあった先進国で最も低い数値です。教育者として考えさせられる数値ですね。この数値から見ても日本人は特に自分に期待をもつことができない特徴があるようです。そこで，小学生というまだ価値観が変わっていく柔軟な時期にこそ，前向きな言葉がけをしていくことが重要になってくると考えます。

　子どもたち一人ひとりが，自分自身の成長に目を向けることができるようになれば，自分への見方も変わっていくように感じます。すなわち，自分へ期待できる可能性の一歩ということです。このような調査から考えてみても，教師側が前向きな言葉がけを子どもたちに届けることは，大変価値のあることになりますね。ぜひ，前向きな言葉が生まれてくる考えの変換を実行してみましょう。

信頼関係を築く
言葉がけの活用法

　子どもたちの小さな変化に目を向け，その成長に前向きな言葉がけが生まれてくるようになると，そこからは少しずつ子どもたちとの信頼関係が構築されていくと思います。

　また，信頼の根底には「認め合う」という概念があると感じています。前向きな言葉がけはその子を「認める」ことにもつながっていると考えます。その中で大切にしたいことは，

しっかりと個に目を向けること

です。学校という場所は集団で行動する場面が多いです。それゆえ気がつけば，子ども全体へ声をかけていることが多くなっていることがあります。また，指示的な言葉がけばかりになってしまうこともありがちです。それらも必要なことですが，やはり一人ひとりの子どもを見つめてこその集団だと考えています。だからこそ「個」に対しての言葉がけはいつも大切にしたいです。

　私が教師になって，様々なことを教えてくださった尊敬する恩師の一人である，玉川学園で教鞭をとられていた小宮路敏先生は「教育は個なり」ということをよく仰っていました。また，その一人ひとりの子どもたちに言葉がけしてほしい『3つの言葉』を教えてくださいました。その3つは，

「大好き」

「味方」

「宝」

という言葉です。これらをたくさん使ってほしいということを伝えてくださいました。

実際，小宮路先生のワークショップでは，我々大人にもその『３つの言葉』をたくさん使ってくださいました。そこで実感したのは，言われたら想像以上にとても嬉しいということ，そして，その『３つの言葉』は普段の生活で意外と使っていないことに気がつきました。

　しかし，頭でわかってもなかなか現場で実践するのは難しくもあります。例えば，授業時間内だけで一人ひとりに焦点を当てて言葉がけをするとなるとかなりの作業になります。時間的な計算で考えると，１分くらいに１人の割合で声をかけることになってきます。
　また「大好き」などの言葉も，日ごろから使うことで自然な言葉がけとなり子どもに伝わっていくので，活用法は少し工夫が必要ですね。日ごろから常時使えるようにするために私は，授業において常時活動などを活用して「個」に言葉がけできるように次の３つを大切にしています。

・子どもが少しでも参加できそう（してくれそう）な実践にする
・一人ひとりを認めやすい教材を使う
・一人ひとりを認めることができるチャンスをつくる

　例えば，p.32で紹介している「拍に合わせて友達の肩をトントントン」という実践は，活動しているか視覚的にわかり，活動へのハードルも低いです。また，自分があまりやる気がなくても，友達が自分の肩をたたいてくれることで授業へのスイッチが入り，活動を始めてくれたりします。
　全体へ，
「みんなが友達の肩をたたいてくれたことは，
　偉大なるやる気への一歩だよ」
と伝え，さらに一人ひとりへの言葉がけも続けます。
「○○君，優しくたたいていたね」
「○○さん，テンポが速くなってもしっかりついていこうとしていたよ」

「男女でもしっかり活動できていたね」
「しっかり拍を感じながら肩をたたいていたね」
「お隣さんがいないのに，
　透明人間さんにしっかりトントンできていたよ」
　このように，一人ひとりに目を向けて声をかけることができる実践や教材
を考えることも大切です。

　また，言葉がけの内容では次のことを意識しましょう。

プロセスに目が向いている言葉がけ

　肩をたたけていたというプロセスをきっかけに，言葉がけを広げます。上
記を分析すると，まずは全体へ「肩をたたこうとしていた」という事実につ
いて，しっかり活動へ前向きな一歩であることを伝えます。その後，一人ひ
とりへの言葉がけをキーワードにしてみましょう。
「優しくたたけていた」
「拍が速くなってもついてこようとして」
「男女でもたたけていた」
「拍に合っている」
「隣の人がいないのに透明人間にトントンできていた」
など，一人ひとりの活動に向かっているプロセスにつながる言葉を考えまし
ょう。一つの活動からこれだけ言葉がけを広げることができるので，全体へ
の言葉がけで終わってしまうのはもったいないです。そこで終わってしまう
と「個」への言葉がけのチャンスを逃すとともに，プロセスへのアプローチ
も少なくなってしまいます。また，
「そのように活動できる○○君大好き！」
など『3つの言葉』も取り入れていくと，子どもたちとの信頼関係が少しず
つ深まってくると思います。

各領域・分野の授業に適した
言葉がけの活用法

　前向きな言葉がけは，基本的にどのような状況においても考え方は同じですが，領域や分野の特徴によって，少し気をつけるポイントが異なることがあります。

　まずは歌唱から考えてみましょう。私は，高学年になるほど歌唱はとても難しい分野だと考えています。なぜなら，声を出すという活動は心の状態が大きく関係してくるからです。歳を重ねていくにつれて周りの目が気になり，人前で声を出すことに抵抗を感じることは，自然なことでもあるように思います。いわゆる「高学年がなかなか歌わない」というのもこの現象からだと分析しています。

　その観点から考えていくと「声を出してくれた」という事実から，すでに前向きな言葉がけが始まるように思います。歌唱の授業で一番きついのは，誰も声を出してくれない静かな空間です。この空間以上に苦しいことはないように感じます。そこで，はじめはどんな声でも出してくれたことに，大きな価値があることを知らせる言葉がけを心がけましょう。

　次に，器楽です。器楽は，歌唱以上に技能が明らかになる分野です。リコーダーにしても息や指の技能が伴わないと，なかなか達成感を味わえず器楽そのものが嫌になってしまいます。そのような状況で難しい合奏などをやってしまうと，合奏という体裁を整えるための一方向的な指導となり，子どもたちの中には，さらに達成感が生まれにくくなります。

　この状況で曲が完成したとしても，活動が終わったときに子どもたちは「やっと合奏から解放される」といった心情にもなりかねません。だからこそ，短い簡単な教材を使って子どもたち自身がしっかりと演奏できている実感を味わえることが大切です。

さらに，その姿には前向きな言葉がけができる場面がたくさん出てくるかと思います。教材のハードルが高すぎないことで子どもたちが楽器に向き合いやすくなり，
　「しっかり演奏しようとしているね」
　「指が旋律と合っているよ」
　「今，自分たちが演奏できたの味わえた？」
　「もっとテンポを上げてもできそうだね!!」
などの前向きな言葉がけが生まれてきます。
　教材選びを考えて，ぜひ前向きな言葉をかけられる空間をつくっていきましょう。

　続いて音楽づくりで気をつけたいポイントは，「完成度」です。音楽づくりはそれぞれの音楽の特徴や素材をもとに自分自身でも音楽をつくることで，より音楽を深めていけることが魅力の一つです。そのつくる過程にたくさんの言葉がけが生まれるのですが，「完成度」に目が行ってしまうと，作品をつくるプロセスに目が向かず前向きな言葉が生まれづらくなります。また，音楽づくり活動の魅力も減ってしまいます。
　つくったものを発表する時間は，どの点を工夫したか，どこを工夫したいかなどを振り返るためにも貴重な時間ですが，「完成度」に目が向いてしまうと発表のための活動になってしまい，技能的な活動に偏ってしまうことがあります。ぜひ，つくる過程のプロセスに目を向けて，
　「面白いリズムを使っているね」
　「くりかえしを効果的に使っているね」
　「みんなで合わせようとしていたね」
　「いろいろな楽器の音色を使っていたのが素敵」
　「リズムパターンで音楽を支えているね」
など，完成度ではなく内容に対して言葉がけできるように心がけていきましょう。

鑑賞でも考えてみましょう。鑑賞は，技能に目が向くことがないので子どもが考えたことや感じたことに目を向けることができるため，音楽が苦手な子どもたちに言葉がけができるチャンスです。ここでのポイントは，音楽を聴いたときに「何も感じない」というような感想を受け入れることです。

　私は，音楽的な事実などをもとに自由に感じたことを書いてもらう活動をしますが，「何も感じない」などの回答も出るときがあります。私はこの回答に，「真面目に聴きなさい」などの言葉をかけるのではなく，

「感じないと言うことができるのはしっかり聴いていた証だね」

「感じないことがわかったってことだね」

などの言葉がけをします。

　子どもの中には，本当に感じることがないと思っている子もいます。それをしっかり言えることに価値を感じるので，しっかり聴いた事実を見つけて前向きな言葉がけを考えてみましょう。そして，そのような過程を続けていく中で，子どもたちに「音楽を感じる心」を育成していきましょう。

　各分野での音楽的事実の見つけ方としては，共通事項がとても役立ちます。共通事項を参考にして，子どもたちの音楽から聴き取るポイントを絞っていくと，実践での言葉がけのポイントも同時に生まれてきます。

　その他には，最近だとオンラインでの活動などの機会も加わってきました。オンラインでの活動は言葉がけの宝庫です。画面を通してたくさんの子どもたちの様子が見えるので，ぜひ前向きに活動している様子が視覚的にわかる活動を取り入れていきましょう。

　オンラインでは，マスクを外している子どもも多いので，歌唱などの活動では「口の開き方」「顔の表情」でも，前向きな言葉がけが生まれてきます。それぞれの分野の特徴を生かして，たくさんの前向きな言葉がけを習得していきましょう。

教材・活動の工夫から広がる 言葉がけの活用法

例えば，アメリカ民謡「線路は続くよどこまでも」という教材で考えてみましょう。そのまま歌うだけでも活動にはなりますが，教材をひと工夫することで様々な言葉がけにつながっていきます。

まずは旋律の拍に合わせて手拍子。手拍子をしているという視覚的効果に加えて，拍に合っていたらさらに，

「音楽を聴こうとしているね」

「しっかり音楽の流れが聴けているね」

「体でも音楽を感じているよ」

「手が出せているということは，活動に向かえているよ」

という前向きな言葉がけができます。

さらに次は，旋律の拍に合わせて手拍子リレーを行います。これは順番に1人ずつ手拍子を打ち回していく活動です。必ず1人1回は，自分の出番がやってきます。普段活動に向かいづらい子どもに声をかけるチャンスです。

また，リレーをすることによりクラスで成功させるという意識も芽生えてきます。途中集中力が切れて自分の番に気づかなかった子どもがいても，

「誰か教えてあげて」

「仲間の力が必要だー」

などクラスメイトの力を借りましょう。

ここで気づいたら教えてくれた人，気づいて活動に向かえた2人の子どもに言葉がけができます。

「友達に拍のタイミングを伝えていたね」

「友達のアドバイスを生かせたね」

「このクラスは協力ができるクラスだね」

さらに，手拍子リレーの手拍子を打つタイミングに「立ち上がる」という活動を足します。これは手拍子以上に視覚的に活動に向かう様子が見えるので，子どもたちにやる気に向かっている事実を伝えることが可能になってきます。

　また，立ち上げることでクラスの雰囲気が活動に向かっている空間となり，気がついたら授業に参加していたという子どもたちも出てきます。その瞬間も逃すことなく言葉をかけてあげましょう。

　「○○君，すごい！　立てているよ」

　「自分が立つ前から，みんな拍を体で感じているね」

　「だからタイミングよく立てるんだね」

　そのような瞬間を通して大切なことは，

長い時間をかけて

です。子どもたちに前向きな言葉をかけたからと言って，一瞬で変化するわけではありません。そのような教師側の心構えをしっかり準備しておきましょう。

　なぜなら，すぐに変化を求めてしまうと前向きな言葉から一転して「どうして変われないの？」などのネガティブな言葉に変わってしまいかねません。前向きな言葉を繰り返しかけていくことで，子どもたちは少しずつ自己肯定の積み重ねで変化していきます。だからこそ特に活動に気持ちが向きにくい子どもへは，

　「君はしっかり前向きな気持ちをもっていることを知っておいてね」

くらいの言葉がけにとどめておいて，長い時間をかけて育成していきましょう。積み重ねを大切に考えていると，ある日突然変化する子どもが出てくると思いますよ。

子どものタイプに合った
言葉がけの活用法

　ここでは，活動に目が向きにくい子どもに焦点を当てて考えてみます。いわゆる「主体的に学びに向かう力」ですね。いくつかの例から考えてみましょう。

・個人個人に覇気がないタイプ
　　長い時間が必要だと考えます。小さな変化を見逃さず，一瞬の前向きな行動を探しましょう。

・引っ込み思案タイプ
　　個人的な言葉がけが大切です。全体の前ではなく机間指導などにおける言葉がけを大切にしましょう。

・大声やどなり声タイプ
　　活動していそうですが，実は，活動へのめりこめていない状況です。声は心だと考えているので，声が乱暴なときは心（精神）がコントロールできていないことが多いです。
※対策手段例
　　怒鳴ることができない音域で遊ぶ→響き声を認める「いつもと違う声も習得したね」→「響きをもって低い声でもできるかな？」

・苦手だからやらないタイプ

　小さな成功体験を，子ども自身が体感できるように心がけましょう。常時活動などを通して，ハードルをクリアしやすいものから実践しましょう。

・分野によってやらないタイプ

　できている分野（歌唱，器楽，音楽づくり）を例に出して，歌（歌唱）ができるのだから，リコーダー（器楽）も諦めなければできるようになることを全力で伝えましょう。

・音楽がそもそも嫌い，または教師への反抗心で無気力タイプ

　学校教育においてこのような子どもがいることは自然なことですね。「音楽室に来てくれたことにありがとう」という当然に見えることから向き合ってみてください。椅子の座り方，一瞬教科書を持った，口を動かしたなど視覚的な要素を見逃さず，「君も無意識のうちに活動しようとしているね」と長い目で伝え続けましょう。

　反抗でやらないタイプには，いろいろなことを伝えたくなってしまいます。しかし，逆に伝えすぎず，1日1つくらいその子のよさを見つけてさらっと伝えます。ポイントは1回。この作業は想像以上に難しいことでもあります。なぜなら，気持ちが離れているからこそ，その子どもが気になっていろいろ伝えたくなってしまうからです。気持ちが離れている子どもへは，特に長い時間を使って信頼を回復させましょう。

授業外で関わりをつくる 言葉がけの活用法

　ここでは，授業外での子どもとの関わり方を分析してみましょう。例えば，専科として授業を行う場合，子どもと関われる時間は週に１・２回のみとなります。それだけの時間ではどうしても子どもたちと信頼関係をつくっていくのが難しいように感じます。

　特に高学年になってくると，子どもたち一人ひとりに強い自我が生まれてきます。心はすでに，大人の感覚です。関わり合いが少ないとなかなか心を開いてくれません。そこで私は，授業時間外の時間での子どもとの関わり合いをとても大切にしています。

　特に登校，下校の挨拶は，とても言葉がけが行いやすい時間です。このようなときに挨拶というのは，本当に最高のコミュニケーションのツールだと心から感じます。そして，挨拶を行うことで，自然に言葉がけを広げていくことができます。

　例えば，

「○○君，おはよう」

「○○さん，さようなら」

など，挨拶に個人の名前をつけて呼ぶことができます。

　また，

「○○君，返事ありがとう」

「○○さん，明るい声だね」

など，さらに言葉が広がっていくことも可能になってきます。

　子どもたちから挨拶を言ってくる場面も出てきます。

「今日も元気？」

「みんなの方から挨拶してくれて嬉しい！」

「まだ眠いかな？」

「髪の毛切った？」
「声のパワーから元気をもらったよ！」
「気持ちいい挨拶だなー」
など会話につながる言葉がけも浮かんできます。

　子どもたちの様子に目を向け，声に耳を傾けると，
「○○君の笑顔嬉しいな」
「○○さん，昨日よりも声がしっかり聴こえたよ」
「立ち止まって挨拶してくれているね」
「目を見て挨拶してくれているよ」
など，挨拶の中でも変化が見え始め，様々な言葉がけが生まれてきます。

　また，その他休み時間などを一緒に過ごすと子どもたちとの交流が増えてさらに言葉がけは広がっていきます。これらの言葉がけのポイントは

伝えることに目を向ける

です。伝えること，というのは見返りを求めないということです。
　例えば，挨拶をすると，心のどこかに相手からの挨拶も求めたくなってしまいます。特に相手が子どもであると，「どうして挨拶しないんだ！」など目線が上からになってしまいがちになり，指導という名の中の見返りの気持ちによってネガティブな言葉がけをしてしまうことはないでしょうか。
　しかし，子どももその日その日の状況によっては，返事がないこともあります。そこで「どうして挨拶しないんだ！」などの言葉がけをしてしまっては，せっかくの関わり合いを深めるチャンスを壊しかねません。
　挨拶していく中でも子どもの変化を探していくと，言葉がけはどんどん広がっていきます。見返りは求めず，自分が相手に言葉を伝えることに目を向けて声をかけてみましょう。

本書の使い方

　本書では，以下の7つのカテゴリーに分けて，それぞれでよく使いそうな言葉がけを紹介しています。

> ① 歌唱・心の解放
> ② 器楽
> ③ 音楽づくり・鑑賞
> ④ 共通事項
> ⑤ オンライン
> ⑥ 困った場面
> ⑦ 授業外での場面

　その中で，①の【歌唱・心の解放】を同じくくりにしたのは，この2つの観点はとてもリンクしている実践と考えているからです。主に「20」までが心の解放を中心に記し，「21」から「35」までが歌唱の授業といったイメージで紹介してあります。

　20までの心の解放では，すべてを「全学年」とさせていただきました。これは，活動に向かうための原動力は，どの学年においても心の解放から始まると考えているからです。

　また，③の【音楽づくり・鑑賞】も，素材を楽しむ観点が近い存在にあるので，同じくくりにしています。

　④の共通事項では，先生方が使っている教材の共通事項と照らし合わせて教材を変えて使っていただいて大丈夫です。

⑥では，授業に向かうことが難しい子どもへの言葉がけを紹介しています
ので，授業以前の問題で悩んでいる先生方はぜひ参考にしてみてください。
学年や子どもの実態によっても使う言葉が変わってくると思いますので，紹
介した例は参考程度に考えてください。

全てのカテゴリーで言葉がけを生み出す大きなポイントとしては，次の2
つの観点です。

・子どもたちの存在，意見，行動を認める言葉がけ
・子どもたちの思考を広げる言葉がけ〔発問〕

これらの観点から，すべての言葉がけが生まれました。最終的にはどちら
の観点も結びついていきますので，それぞれの言葉がけで具体的な実践例や
考え方も記しました。参考にしてみてください。教材は例として使っている
だけなので，どんどん変えてみて言葉がけを汎用的に生かしていただけたら
嬉しいです。

『言葉がけ』
今回，本書において様々な言葉がけを紹介させていただいています。その
中で言葉というのは大きな力をもっていますが，同時に「想い」を伝える手
段でしかないことを改めて感じています。
大切なことは，まず「想い」をもつこと，子どもたち（人）の存在そのも
のに大きな価値があり，その考えを軸に子どもの見方を磨くこと，が重要だ
と考えています。そうすると，きっと読んでくださった方それぞれの個性に
合った素敵な言葉がけが生まれてくると思います。
本書をきっかけに，先生方の個性に合った言葉がけが生まれたらこんなに
嬉しいことはありません。ぜひ，言葉がけと同時に「想い」という部分にも
目を向けて参考にしてみてください。

Part2

子どもを
アクティブに変える
「言葉がけ」の
アイデア100

1

偉大なるやる気の証だよ

教　　材	視覚的に活動の様子がわかる教材
使用場面	ペア活動，導入など
タイプ	すべての子ども
ねらい	活動に対する前向きな気持ちに価値づけする

T　今から拍に合わせて友達の肩をトントンするよー。

T　できるかなー？　せーの。

C　１２３４５，…

T　そのままストーップ。

　ここでは手が出ている瞬間をねらって「まるで凍ったように止まってね」などをつけ足したりもします。

T　今，隣のお友達の手が出ているね。これは偉大なるやる気の証だよ。

　この言葉がけは，私が心から感じている言葉です。これ自体はとても単純な活動ですが，何事も一歩目があるから未来が広がっていくように思います。その一歩目を探せるのは，教師からの子どもたちの見方にかかっているようにも感じています。

　その基本方針は，Part 1で書いたように「学校に来てくれてありがとう」という考え方です。これは私にとっては当然ではなく，子どもが学校に来てくれていることで自分も教師を頑張ろうと思えたことがたくさんあります。子どもたちは小さな体で長い道のりを経て頑張って学校に来てくれています。その一歩目があるからこそ子どもと共有する時間が生まれ，私たち教師は教育という場をもつこともできています。その観点からいくと拍にのってトントンする活動に向き合えることが偉大なるやる気の証だと思うのです。

　このような普通に見える活動でも，みんなの前で活動できたことに大きな価値を感じたいですね。

NG ワード「これくらいはできて当然だよ」

2

しゃきっと立ちができているね

教　材	様々な歌唱教材
使用場面	歌唱活動
タイプ	すべての子ども
ねらい	活動に対する前向きな気持ちに価値づけする

歌唱の授業において「合唱達人」というものをつくっています。

合唱達人	
・しゃきっと立ち	→足が地面について背筋が伸びている
・自分1身長	→歌うときに前のめりになっていない
・スマイル君	→ニコニコ笑顔
・きらきら目	→笑顔＋αの目
・たてハンバーガーラッパ口	→口がたてに開き唇が少し広がっている

　私は，歌唱はとても難しい活動だと感じています。例えば，大人で考えてみましょう。保護者会などで「みんなで歌いましょう」と言ってもなかなか声を出すのが難しい様子は想像できます。やはり声を出すという活動は，特に高学年になってくるほどいろいろな感情が影響してくるものだと感じます。そこで考えたのが「合唱達人」です。

　これをつくるときにこだわったのは，声を出さずに活動の様子が見取れるという観点です。すなわち心がけで合唱の達人になれるのです。マスク着用で5つ目の観点は難しくなりましたが，これも「先生にはできているように感じるよ」なども前向きな予想として言葉を生むこともできます。

　実際，一生懸命活動に取り組んでくれている子どもたちはマスクを揺らしながら一生懸命歌ってくれます。視覚的な要素からぜひ子どもたちを前向きな言葉で包みたいです。

NGワード「姿勢をよくしなさい！」

3

聴けている証だよ

教　　材	様々な歌唱教材
使用場面	歌唱活動
タ イ プ	すべての子ども
ね ら い	「聴く」という観点から前向きな気持ちに価値づけする

T　みんなー。これから音楽が流れるから，曲の速さに合わせて足踏みできるかなー？

C　できるー!!

T　よし！　じゃあやってみようね！

　ここではピアノなどで和音を弾いてもいいですし，CD音源を流しても大丈夫です。そして，途中で止めます。

C　!?

T　おっ！　今，足が止まった人は耳で何をしている証かな？

C　聴けているーー。

T　そうそう。その通り。耳って目や口に比べて開いていることがわかりにくいね。そこで，こうやって確かめるのは大切だね。今足が止まっている人はしっかり音を聴けている証だよ。

　音楽の授業では，「聴く」ということを大切にしたいです。私は，しっかり聴いている証を証明してからペア活動や，動く活動へつなげていくことが多いです。子どもたちに「みんなはしっかり音を聴く力をもっているよ」ということを伝えたうえで動きに入ると，子どもたちは音に焦点を当てて動く活動に入ってくれます。

　また，足踏みなど視覚的にわかる活動で「聴く」というわかりづらいものに価値づけすることを大切にしましょう。この聴けている証から高学年などはハーモニーの活動に入るのもよいかと思います。

NGワード「音をしっかり聴きなさい!!」

4

その手はやってみようの心だよ①

教　材	Head, Shoulders, Knees and Toes（イギリス民謡）
使用場面	常時活動など
タイプ	引っ込み思案な子
ねらい	歌声につながる心をつくる

　この言葉がけは，手遊びができる教材であればいつでも使用できます。その他の教材として「からだあそびのうた」（志摩桂訳詞・イギリス民謡）などがあります。

T　この曲歌ってみよう。まずは聴いてみてね。

　「Head, Shoulders, Knees and Toes」を流します。ここですでに身振りをつけ始める子どももいるかと思います。

T　どうして頭や肩を触ったの？

C　だって歌詞がそうなっているよ。

T　すごい。もうしっかり聴けているんだね。

T　じゃあみんなでやってみようか。せーの！

　手が出ていることを確認し，曲の途中であえて止めます。

T　ストーップ!!

T　今出ている手は，やってみようという心の証だよ。そのやる気があれば歌声もどんどんよくなっていくと思うよ。お隣さんは手が出ている？

C　出ている。

T　やってみようという心がいっぱいのクラスだね!!

NG ワード「しっかり手を出しなさい!!」

5

その手はやってみようの心だよ②

教　　材	なっとう（作詞者不詳）
使用場面	全体で歌うとき
タイプ	引っ込み思案な子
ねらい	身体的行動に着目して価値づけする

「なっとう」は，言葉遊びの教材です。その言葉に合わせて身振りをつけて活動することで教室の雰囲気がアクティブになっていきます。

♪　なっとうなっとう　ねーばねば
　　こつぶなっとう　おおつぶなっとう
　　おかめなっとう　みとなっとう
　　なーーーーーーーっとう

この教材でも，やってみようという心に言葉をかけていきましょう。私がよく使うポイントは「おおつぶなっとう」です。「おおつぶなっとう」を歌うときは，その言葉に合わせて頭の上に両手で大きく円をつくります。

T　みんなー！　なっとう遊びだよーー。
T　せーの。
C　なっとう　なっとう　ねーばねば
　　こつぶなっとう　おおつぶなっとう
T　そのままストーップ!!
T　みんな，周りをよく見てみて。手がしっかり挙がっているでしょ。この手がやってみようという心だよ。みんなのやってみよう心。大好き！
C　にこにこ (^^ ♪

このように視覚的に身振りがわかりやすい教材では，ぜひやってみようという心を一人ひとりの子どもたちがもっていることを伝えていきましょう。

NG ワード「手を挙げてない人がいるよ」

その手は考えがありますのサイン

教　　　材	様々な歌唱教材
使用場面	子どもたちの意見を聞くとき
タ　イ　プ	すべての子ども
ね　ら　い	正解かどうかではなく考えがあることに価値づけする

　音楽活動では様々な場面で子どもたちから意見を聞くことがあるかと思います。「どうして足を動かしたの？」「この歌にはどんな動物が出てきたかな？」「この絵から歌が探せる？」などいろいろな発問が出てきます。このようなときに手を挙げてくれる子どもたちがいたら，教師としては本当に嬉しいですね。そのときには次のような言葉がけをします。

　例えば，様々な動物が載っている絵から歌を探す実践です。

T　みんなの力をちょっと貸してくれるかなー。

C　なになにー？

T　この絵には，たくさんの歌が隠れているみたいなんだけど，発見した人は教えてくれるかなー？

C　いいよー！

T　じゃあ，発見した人は手を挙げてみてー。

C　はーい！

T　おっ！　こんなにいるの？

T　先生は手を挙げているのは「正解をもっています！」と思っていないよ。「自分には考えがあります」って捉えているからね。

T　このクラスは自分の考えをもっている人がたくさんいるなー。

　手を挙げるということには，たくさんの価値があると考えています。次の項目でも，挙手することに価値があることを考えてみましょう。

NG ワード「どうして手が挙がらないの？」

歌唱・心の解放　　　　　　　　　　　　　　　　　全学年

その手は集中している証だね

教　　材	かくれんぼ（林柳波作詞・下総皖一作曲）
使用場面	子どもたちの意見を聞くとき
タイプ	すべての子ども
ねらい	挙手をするプロセスに価値づけする

　子どもたちが授業中に挙手をする姿を見て，気づいたことがありました。それは，挙手をしている子どもは基本的にはおしゃべりをしていないということです。すなわち，それは物事に集中している証であると感じます。

　「その手は考えがありますのサイン」（p.37）で示した価値とともに，もう少し挙手で価値づけしてみましょう。

　「かくれんぼ」を教材にした例です。前半と後半の曲の雰囲気の変化を軸に子どもたちに尋ねてみます。

T　みんな，この曲の前半と後半って雰囲気変わるね。

　私はこの発問の前に，身体活動を通して前半と後半の雰囲気の違いを感じ取ってもらうようにしています。

C　確かに！

T　どうして前半と後半で雰囲気を変えたんだろうね？

C　はい‼（「はい」「はい」）

T　先生気づいたんだけど，手を挙げてくれている人は誰もおしゃべりしてないね。だから手が挙がるのかなー？？

T　その手は集中している証かもね！

　手が挙がることがすべてではありません。中にはそれが苦手な子もいるかもしれません。そこで，挙手をするということは，正解を言うこと以上に，プロセスにたくさんの価値があることを子どもたちに知ってほしいです。その中で「自分も意見を言っても大丈夫なんだ」と一人でも多くの子が手を挙げる勇気のきっかけになってほしいと考えます。

8

勇気の証だよ

教　　材	なべなべ（わらべうた）
使用場面	ペア活動など
タ イ プ	すべての子ども
ね ら い	一人ひとりが勇気をもっていることに価値づけする

各学年に合った「なべなべ」の活動で勇気の探し方を紹介します。

低学年→ペア活動での身振りに着目し，

T　誰か「なべなべ」の動きを前に出てやってくれる人いるかなー？

C　はーい！

T　今挙がっている手は，上手にできますではなくて前でやってもいいです
　　といった勇気の証だと先生は思っているよ。勇気ってすごいね。

中学年→音域を上げていき高い音に着目（2点レを開始音まで）し，

T　みんな高い音が出るようになってきたね。じゃあ，その音を使って5人
　　だけで歌える人はいるかな？

C　はい!!

T　こんなにいるの？　高い声で歌うのは難しいのに，たくさんの人が勇気
　　をもって手を挙げてくれて嬉しいなー。

高学年→「なべなべ」で音を重ねて歌う活動で，

T　この高さで歌える？（開始音が1点ラ）

T　じゃあこれはいける？（開始音が2点レ）

T　今，ハーモニーがきれいと感じた人はいる？

　　この発問で他声部を聴く習慣もつけましょう。

T　じゃあ低い方を5人，高い方を5人の少人数でできる人いる？

C　はーい。

T　この難しい活動に，これだけ手が挙がる勇気が本当に嬉しいよ！

みんなの勇気に拍手を送るね①

教　　材	様々な歌唱教材
使用場面	様々な形態で歌う場面
タ イ プ	すべての子ども
ね ら い	歌っていることに着目して価値づけする

　声を出す活動は，とても前向きな気持ちが必要であると考えています。そう考えるようになったきっかけは新任のころの体験です。

　まだ，教育観も真っ白なまま授業を行っていたころ，ほとんど歌わないクラスがありました。子どもたちに申し訳ないことに，そのときの私にはその状況を変えていける手段はもっていませんでした。今思えば…

・声を出す空間が構築されていない
・活動に対して前向きな心をつくれない
・音楽の価値が低い

など様々な原因が考えられ，その原因に向かって授業を考えることもできたかもしれません。

　原因がわかれば，対策も考えることが可能になってきます。対策が浮かばない中，一番感じたことは子どもたちが活動してくれることは私たち教師のエネルギーの源となっているということです。すなわち歌ってくれるということはとてもありがたいということを新任のときに味わうことができました。

　この経験は，今でも大きな財産となっています。そこで，頑張ったときに私は拍手を子どもたちに送ることにしています。大切なポイントは，プロセスに対しての拍手であるということと，教師自身が拍手を子どもたちに送りたくてやっているということの2点です。

T　少人数でも歌おうと思った勇気に拍手を送るね。

NG ワード「上手だったから拍手を送るね」

みんなの勇気に拍手を送るね②

教　材	様々な歌唱教材
使用場面	様々な形態で歌う場面
タイプ	すべての子ども
ねらい	歌っていることに着目して価値づけする

　「みんなの勇気に拍手を送るね①」（p.40）で拍手でのポイントをお伝えしましたが，この文化づくりにおいてはもう少しポイントがあります。拍手と言えば，皆さんどのようなときに拍手が起こる状況を思い浮かべますか？私は，演奏などのパフォーマンスの後や，講演を聞く場面で講演者が入ってきたとき，などの前向きな瞬間が想像できます。そこで，「自分から」ということを大切に拍手を考えたいです。

　拍手にあふれている環境は，とても居心地はよいですが無理強いしたいわけではありません。そこで，私自身が拍手を送りたいということと同時に，次のような言葉がけも大切にしています。

　歌唱の活動後，

Ｔ　今の頑張りが伝わった人は拍手で伝えよう。

Ｔ　ハーモニーが聴こえた人は拍手で伝えてね。

　拍手を感情表現と同時に手段として使ったりします。ここで興味深かったのは子どもたちに拍手されたときにどう感じたかを聞くと，質問したすべての子どもたちが「嬉しかった」と答えてくれたことです。やはり拍手というのはされて嬉しいものということを感じました。そこで友達の頑張りに一生懸命拍手をしてくれている子どもには「ありがとう」を伝えたいですね。

　「自分がされて嬉しい人は拍手してあげてね」なども，拍手がとても前向きな雰囲気のクラスづくりを手助けしてくれます。

NG ワード 「拍手をしましょう」

歌唱・心の解放　　　　　　　　　　　　　　　　　　　　　全学年

一緒に拍手を送ってくれてありがとう

教　　材	様々な歌唱教材
使用場面	全体で歌うとき
タイプ	すべての子ども
ねらい	子どもたちの行動に着目して価値づけする

　「勇気の証だよ」「みんなの勇気に拍手を送るね」（pp.39-41）実践などで教師から子どもたちへ拍手を送る中で，様々な場面に出会います。その中で，子どもたちも一緒に拍手を送ってくれる光景を必ずと言ってよいほど目にします。その子どもたちに着目して言葉がけを考えてみましょう。

T　○○を歌ってみようね。
C　はーい。

　この歌っているときに「姿勢」「口の形」（マスクをしている場合はマスクが動いている）「体の揺れ」などをきっかけに子どもたちが歌おうとしている気持ちを発見していきましょう。ピアノなどの自信がない方は，音源などを使えば机間指導などがやりやすくなるので，一人ひとりの姿をしっかり見ることができ，かけたい言葉が生まれてくると思います。

　曲が終わったら，
T　○○くんの姿勢から一生懸命が伝わったよ。
T　○○さんがマスクをしているのに口がしっかり動いていることが伝わってきたよ。
T　先生から拍手を送るね。
　（数名の子どもが一緒に拍手をしてくれている）
T　おっ!!　先生と一緒に拍手をしてくれていた人もいる!　一緒に拍手を送ってくれてありがとう!!

NG ワード「他のみんなも拍手を送りましょう」

12

反応してくれてありがとう

教　　材	様々な歌唱教材
使用場面	全体で歌うとき
タ イ プ	すべての子ども
ね ら い	子どもたちの行動に着目して価値づけする

　授業において子どもたちが前向きに反応してくれることは，教師にとってとてもありがたいことです。この反応は，子どもたちがしっかりやってくれているときにはついそのありがたさを忘れてしまうことがあります。そこで，子どもたちが様々な反応をしてくれているときにこそ，そのありがたさを伝えたく感じます。

　何かの曲を歌うとき，
T　じゃあ今から○○を歌おう！
C　やったー!!
T　その反応とっても嬉しいなー！　反応してくれてありがとう！

　何かの説明をしているとき，
T　みんな，この曲って○○になっているのに気づいた？
C　うんうん（うなずく）。
T　みんながうなずいてくれるからとっても話しやすいよ。反応してくれてありがとう!!

　このような少しの発見からクラスに前向きな雰囲気がつくられていきます。相槌などは小さな反応なので見逃しやすいですが，ぜひ子どもたちの様子を眺めてみてしっかりその様子を伝えていきましょう。

NG ワード「反応しなさい！」

歌唱・心の解放　　　　　　　　　　　　　　　　　　　　　　　全学年
その足踏みがしっかり歌える準備だね

教　　材	アルプス一万尺（アメリカ民謡）
使用場面	全体で歌うとき
タ イ プ	すべての子ども
ね ら い	身体的行動に着目して価値づけする

　歌唱活動において，声を出す活動に進む前に足踏みや手拍子などから始めるのも，一つの手段としてとても有効です。特に初めての教材の場合，歌いたくてもわからない曲なので声を出しにくいものです。すでにお伝えした通り，私は高学年になるにつれて声を出すことは難しい活動だと考えています。そこで，反応しやすい「足踏み拍探し」「手拍子歌い」なども実践しています。まずは足踏みに焦点を当ててみましょう。

　「アルプス一万尺」を用いた例です。
T　まずは今日歌う曲を一回聴いてみてね！
　音源を流す，もしくはピアノなどで旋律を弾きます。この部分ですでに歌えている子どもたちがいたらその反応に声かけしましょう。
T　じゃあ，今の曲の拍を足で捉えてみてくれる？　行くよー。
C　どんどんどんどん（足踏み）。
T　みんな，前から見てしっかり拍がわかっている人がいっぱいいるよ！
T　拍に合わせて足踏みできているのは歌える準備ができているよ。だから次は隣のお友達も足踏みできているか見ながらやってみてね。

　拍を捉えて足踏みをするのは，歌の得意，不得意に関係なくできる活動です。逆に足踏みにも反応できない子どもに「声を出して歌おう」というのはとてもハードルが高い活動になります。そこで拍に合わせて足踏みできることを「歌える準備」と捉えて言葉がけしていきましょう。

NG ワード「しっかり足踏みしなさい」

14

手拍子でしっかり歌えているね

教　材	アルプス一万尺（アメリカ民謡）
使用場面	全体で歌うとき
タイプ	歌が苦手な子
ねらい	身体的行動に着目して価値づけする

　次は旋律に目を向けて活動していきましょう。「その足踏みがしっかり歌える準備だね」（p.44）の足踏み活動で何度か曲を聴いているので旋律が少しずつ体の中に入っています。その経験を生かして自然に旋律にもなじんでいきましょう。

T　みんな，次はこの曲の旋律を手拍子で歌えるかな？
C　できるよー。
T　拍ではないから気をつけてね，じゃあやってみよう。
　ピアノなどで旋律を弾いて（ピアノが苦手なら歌で）支援します。
C　パンパンパンパン…
T　みんな！　その手拍子が歌おうとしているね。もう少し慣れていこう！
　このようにして何度か活動できるように工夫しましょう。また，「アルプス一万尺」などテンポ感が速い曲は手拍子の速さを難しいステップとして楽しみながら活動します。
C　パンパンパンパン…
T　おーーーーできてきたねー。もっと早くでもできる？
C　できるー！
T　よーし。では行くよーー！
C　（速いテンポで）パンパンパンパン…
T　おーー！　もう手拍子でしっかり歌えているね！

NG ワード「しっかり手拍子をしなさい」

15

できなくても大丈夫だからね

教　　材	アルプス一万尺（アメリカ民謡）
使用場面	全体で歌うとき
タイプ	心配性な子，やんちゃな子
ねらい	身体的行動に着目して価値づけする

　足踏み（p.44）と手拍子（p.45）ができるようになったところで，その2つを融合してみましょう。子どもたちは，簡単すぎても難しすぎても飽きてしまいます。それぞれの活動ができるようになって歌う準備が整ってきたと思います。ここで一つハードルを上げることでさらに教材にも慣れていき，歌うための心の解放を目指していきましょう。

T　みんな手拍子でも歌えるようになってきたね。

T　じゃあ，足踏みで拍をやって，手拍子で旋律をつくったりできるかな？

C　できるよ!!

T　本当？　結構難しいからできなくても大丈夫だからね。

　頭で考えるより難しいので，できなくても大丈夫という視点を子どもたちがもてるようにしましょう。

T　おーーー。足が動いているね。

T　手と足のどちらもできている。

T　手も足も動かそうとしているのが伝わってくるよ。

T　あきらめずにやろうとしているのが素敵だね。

　できなくても大丈夫という考え方を軸にすると，その後の言葉がけもたくさんつながっていきます。大人が考えるより子どもにとって難しい活動はたくさんあります。活動が難しくなっていくからこそ「できなくても大丈夫」という空間を大切に活動していきましょう。

NG ワード「しっかりやりなさい！」

16

成長するために学校があるから大丈夫

教　　材	様々な歌唱教材
使用場面	全体で歌うとき
タ イ プ	やんちゃな子
ね ら い	身体的行動に着目して価値づけする

ここでは少し他者との関わり合いまで活動を広げていきましょう。手拍子で旋律が歌えるようになったかの確認は，友達と手拍子をするのがとても有効です。また，自分一人ではできていても友達とタイミングを合わせながら手拍子をやるのは想像以上に難しいです。状況によって手拍子ができない場合は，手の甲タッチやグーとグーで行うなど工夫してみましょう。

T　みんな手拍子でも旋律が歌えてきたね！
T　じゃあ，今度はその手拍子を近くの友達と旋律に合わせてできるかな？
C　できるー!!
T　よーし！　じゃあやってみよう!!
　結構難しいのでゆっくりの速度で始めましょう。
T　なかなか難しいね！　でも，成長するために学校があるから大丈夫!!
　　もう一回やってみよう！

このように友達とやると難しさを体感しやすく，繰り返しの活動につなげやすいです。しかし，言葉がけ次第ではその繰り返しが試練になったり飽きてしまったりします。そこで，「成長への道」といったような感覚に子どもたちがなってくれるように言葉がけをしましょう。この言葉がけは，子どもたちが間違えても大丈夫という感覚にもなってくれて一生懸命活動に取り組んでくれることが多いです。ぜひ成長するための学校といった印象を子どもたちにもってもらえるように支援していきましょう。

NG ワード「どうしてこんなこともできないの？」

歌唱・心の解放 　　　　　　　　　　　　　　　　　全学年

わからないって素晴らしい

教 材	様々な歌唱教材
使用場面	全体で歌うとき
タイプ	理解に時間がかかる子
ねらい	問題が発見できることに価値づけする

　歌唱において，初めて曲を知るときにはなかなか歌えません。このときに，ただ，何度も歌い続けるのではなく，歌いにくい部分を子どもたちに聞いてみるのは繰り返しの活動においてとても有効な方法です。子どもたちがまだ歌えないからと言って単純に何度も歌うのではなく，少し言葉がけを工夫してみましょう。

T　今日はこの曲を歌うよー。一回聴いてみてねー。

　　CD音源，ピアノ，教師の範唱などで曲を流します。

T　どうだったかなー。

C　んーーー。まだ，難しいなー。

T　じゃあ，次はどこが歌いにくいかチェックしながら聴いてみてね。

C　♪♪♪

T　どこが歌いにくいか言える人いるかな？

C　はい！　〇〇の部分が難しくてわからない！

T　おーー。自分の中でわからない部分が言えるって，とっても素晴らしいことだよ。よし，その部分をもう一回やってみよう。

　子どもたちが自分で「わからない」「難しい」と言ってくれる空間は学びを深めていくうえでとても大切です。また，子どもたちが感覚的に難しいと言っている部分は実は理に適っていることが多いです（リズムが難しい，音域が広いなど）。その音楽的部分も伝えていけるとさらに活動が深まると思います。ここでは，子どもたちがまだ歌えていないからといって教師がどんどん進めていくことをNGとして活動しましょう。

18

歌って動いて聴こえているんだね

教　　材	様々な歌唱教材
使用場面	全体で歌うとき
タ イ プ	元気な子
ね ら い	身体的行動に着目して価値づけする

　歌唱では動きながら活動することがどの学年でもあるかと思います。そこで，視覚的に歌に合わせた動きをつけて活動を行うのは効果的です。その際，動いた後に席に戻ることまでを視野に入れて活動することが大切です。

　席に戻るときは言葉がけのチャンスです。動きをつけることは子どもたちも大好きな活動なので戻るタイミングを忘れてしまいがちです。例えば歌唱教材で「ABA」構成の曲を使用したとします。

T　みんなー！　Aで歩き出してBが来たら友達と拍に合わせてグータッチ。またAが来たら席に戻るよ。

C　はーい。

　　「A」…　ここで子どもたちが歩き出します。

　　「B」…　友達とグータッチします。

　　「A」…　気づいた子どもは席に戻りはじめます。

T　おーーー。○○君，席に戻り始めている！

T　○○さんもー!!

　曲が終わったら…

T　今，席に戻っている人は，歌って動いて聴こえているんだね。

T　それって，とっても難しいことだよ!!

　「B」の活動に夢中になりやすいので意外と「A」で戻るのは難しいです。そこで，できている子どもに焦点を当てて言葉がけをしましょう。できていない子に目を向けることを NG として言葉をかけていきましょう。

握手してくれてありがとう

教 材	さんぽ（中川李枝子作詞・久石譲作曲）
使用場面	歌唱活動でコミュニケーションをとる活動
タイプ	引っ込み思案な子
ねらい	友達の優しさを感じ合うことに価値づけする

　どの学年においてもコミュニケーションを心地よくできることは，活動が前向きになっていくポイントの一つです。そのためにも日ごろから子どもたち同士が関わり合える活動を取り入れていきたいです。

　その中で，子どもたちに「このクラスであれば誰かが声をかけてくれる」といった安心できる空間を構築できれば，ペアで活動することに対してのハードルが低くなり，より価値ある活動になってきます。そこで，常時活動などを通して仲間との関わり合いが広がる声かけを心がけましょう。

　「さんぽ」など４拍子の教材を使った場合の例です。

T　歌いながら歩いてみよう。

T　ちなみに１拍目で手拍子できるかな？

C　あるこーう　あるこーう…

　下線部で手拍子。

T　手拍子ばっちりだね。次は歩きながら今の手拍子のタイミングで友達と握手できるかな？

　握手が難しい場合はグータッチや手の甲タッチにしましょう。

C　オッケー。

T　じゃあいくよー！

C　あるこーう　あるこーう…

　このときに教師にも来てくれる子どもがいます。

T　握手ってお互いの気持ちがないとできないね。先生にも握手してくれてありがとう。

T　みんなは誰が握手してくれたかな？

20

席から離れたことがやる気の一歩目

教　　材	様々な歌唱教材
使用場面	身体活動
タイプ	引っ込み思案な子
ねらい	自分の前向きな心を知ることに価値づけする

　授業を行ううえで活動をやってみようとする心はどんなときも活動の基盤になっていきます。その心情を自分自身でつくれる子どもに対してはどんどん実践を重ねていけばよいですが，クラスにはその心情をつくるのが難しい子どももいるかと思います。また，そのような子どもたちの対応に悩む先生方も多いのではないでしょうか。

　私は日々の授業で，子どもたちが前向きになった瞬間をできるだけ捉えて言葉がけをしたいと考えています。そのために身体的表現は変化が見えやすいので言葉がけにも有効な活動です。ぜひ，身体的表現を通して子どもたちの前向きに物事に取り組める心の構築を目指していきましょう。

T　じゃあ，音楽に合わせて席から離れてみよう。
C　はーい。
T　みんな音楽でしっかり動けているねー。
　このときになかなか動けていない子どももしっかり観察しましょう。
T　今，席から離れているのは活動をやってみようとしている証だよ。
T　やる気の一歩目だね!!

　このように，「席から離れている」というわかりやすい視点から言葉をかけていきましょう。また，動けていない子もしっかり把握しておくことが大切です。そのような子どもには，「次に少しでも動けたら，それは『やってみよう心』の成長にしようね」と声をかけましょう。

NG ワード 「しっかり動きなさい！」

21

たくさん声を出してくれてありがとう

教　　材	低学年で扱う歌唱教材
使用場面	全体で歌うとき
タイプ	すべての子ども
ねらい	声を出したこと自体に価値づけする

　低学年はみんな一生懸命に歌を歌ってくれます。その子どもたちのエネルギーにいつも助けられていることを実感しています。その声にもたくさんのありがとうを伝えていきましょう。

T　今日は○○を歌おう！　まずは聴いてみてねー！

　そのときに使う教材でやってみてください。

C　はーい。

C　♪♪♪

T　あれ⁉　もう歌ってくれている人いる？

C　はーーい！

T　もう声も出してくれてとっても嬉しいなー。

T　いよいよ次はみんなで歌えるかなー？　やってみよう。

C　♪♪♪

T　わーーーーー！　こんなにたくさんの声を出してくれてありがとう！

T　みんなが声を出してくれると先生元気をもらえるよ！

　低学年のうちから，声を出してくれることに感謝を伝えたいですね。高学年になったときに，なかなか歌うときに声を出さなくて困っているという声を耳にします。そんなときに低学年から声を出してくれたことにもっと嬉しさを伝えていたらよかったと心から感じますね。ぜひこの当たり前と感じることにもしっかりと言葉がけをしていきましょう。

NGワード「みんなの声うるさいよ！」

怒鳴らなくても歌えるんだね

教　材	低学年で扱う歌唱教材
使用場面	全体で歌うとき
タイプ	元気な子
ねらい	声の出し方にも着目して価値づけする

「たくさん声を出してくれてありがとう」(p.52) は声を出してくれたことに焦点を当てた言葉がけでした。ここでは，声の出し方に焦点を当ててみましょう。低学年の子どもたちはとても元気な声で歌ってくれます。この気持ちにはこちらがいつも元気をもらってばかりです。しかし，そこだけに焦点を当ててしまうと，その素直さゆえに怒鳴り声で歌い続けてしまう子どももいます。そこで声の出し方にも目を向けて言葉がけをしてみましょう。

「たくさん声を出してくれてありがとう」(p.52) からの続きです。

T　もうたくさんの声で歌えるようになったねー。

このときに何度か歌っていく活動で机間指導などをして怒鳴らずに歌えている子を探しておきましょう。

T　先生，さらにみんなの歌声ですごいことを発見しちゃったー。

T　なんだと思う？

C　一生懸命歌っていた？

T　それもすごいね！

T　先生が見つけたのは，元気なのに怒鳴り声じゃない人もいたことなんだ。

T　みんな。怒鳴らなくても歌えるんだねー！　先生はこれって難しいことだと思うからびっくりしちゃった。

T　もっと発見したいからもう一回歌ってみていいかな？

C　いいよー。

このような言葉がけで声の出し方にもアプローチしてみましょう。

NG ワード「怒鳴り声はやめなさい！」

23

しっかり発見できて素敵だね

教　材	低学年で扱う歌唱教材
使用場面	少人数で歌うとき
タイプ	すべての子ども
ねらい	友達の言葉で成長を感じ合えることに価値づけする

　低学年では，少人数で歌うことにもあまり動じることなく歌ってくれる子どもたちが多いように感じます。そのようなときこそたくさんの言葉をかけるチャンスです。「しゃきっと立ちができているね」（p.33）でも紹介した合唱達人なども参考にしてぜひ言葉がけを考えていきましょう。

T　じゃあ○○を５人で歌える人いるかなー？
C　はーーい。
T　こんなにいて嬉しいなー。
T　じゃあやってみようか。聴いている人は，この５人のよかったところを探しながら聴いてみてね。
C　はーい。（５人で歌う）
T　おーーー，歌ってくれてありがとーう‼
T　何か発見した人いるかなー？
C　しっかり声が出ていました。
C　丁寧に歌っていた。
C　笑顔だったー。
T　みんな，友達のよいところをしっかり発見できて素敵だね。

　発表のときなどは，聴いている方にもしっかり参加することを伝えることが大切です。少人数で歌おうとした子にも，しっかり聴いてくれた子にも言葉がけをするよう心がけましょう。
　発見できなかったときは「友達のよいところを発見できるってすごいことかもね」と伝えて急かさないように気をつけましょう。

24

どこからか素敵な声が聴こえる

教　　材	かくれんぼ（林柳波作詞・下総皖一作曲）
使用場面	全体で歌うとき
タ イ プ	控えめだけど一生懸命な子
ねらい	自身の声を見つめこだわって歌うことに価値づけする

　全体で歌唱活動をしていると特に低学年では様々な声が聴こえてきます。よく耳を澄まして聴いてみるとその中に素敵な声が聴こえてきます。ここでは「素敵な声＝怒鳴ってない声」と定義して一人ひとりの声に焦点を当ててみましょう。

　もちろん「怒鳴って歌わない！」と言ってしまえば，子どもは怒鳴らないかもしれませんが，教師が言ったから怒鳴らないといった思考になってしまい，子ども自身が求めた声ではなくなってしまいます。

　そこで，自分自身で声にこだわりをもって歌唱活動に取り組んでほしいと感じます。私は「声＝心」と捉えています。なぜなら小さい子どもになればなるほど表情と声の大きさで感情を表現していることが多いからです。歌唱活動を通して心のコントロール力も身につけてほしいと感じます。

　「かくれんぼ」を用いた例です。

T　これ歌ってみようね。

C　はーーい。（「かくれんぼ」を歌う）

　このとき，大声で怒鳴りまくっている子どもがいたとしてもよく耳を澄ましてみましょう。きっと違う声も聴こえてきます。

T　なんだか，どこからか素敵な歌声が聴こえる！

T　先生，近くで探したいからみんなもう一回歌ってみてね。

　CD音源を使ったり，アカペラにしたりして教師が動ける環境にしましょう。近くに行くことでより丁寧に歌おうとしてくれる子どもたちが増えると思います。ぜひ一人ひとりへの言葉がけも大切にしましょう。

25

しっかり音楽についてきているね

教　材	夕やけこやけ（中村雨紅作詞・草川信作曲）
使用場面	全体で歌うとき
タイプ	真面目な子
ねらい	視覚的にわかる行動に着目して価値づけする

　初めての教材に取り組むときには何度も聴かせたりして曲を歌えるようにすることがあるかと思います。しかし，これではどうしても一方向的指導の時間になりやすく感じます。そのような活動のときも何か具体的に言葉がけをしていきたいです。そこで，少し曲になじんできたときに楽譜に指を添えて活動をすると視覚的に子どもの様子を捉えることができます。

　また，楽譜にも目を向ける習慣が少しずつ身についていきます。

　「夕やけこやけ」を用いた例です。

T　みんなー！　この曲を一回聴いてみてね（曲を流す）。次は楽譜（音符）がついている歌詞に指を置いて音楽についてこられるかやってみてね。

C　はーーい！

C　!?

　ここでとまどう子どももいるので，迷っていたら歌詞カードではないことを丁寧に伝えて支援しましょう。

T　まずは先生が歌うから指でついてきてね。

　「夕やけこやけ」を演奏します。

T　おーー，指がしっかり動いているね。先生と曲の終わりのタイミングが一緒だった人いる？

C　はーーーい。

T　しっかり音楽についていけているね!!

　この後に，歌詞をなくして旋律だけをピアノで弾いたり母音唱で歌ったりして，音符の流れに特化した活動にもつなげて言葉がけをしていきましょう。

　できていないことを責めるのは NG です。

26

体で音楽を感じているね

教　材	低・中学年で扱う歌唱教材
使用場面	全体で歌うとき
タイプ	元気な子
ねらい	視覚的にわかる行動に着目して価値づけする

歌唱・心の解放

提案

音楽づくり・鑑賞

共通事項

オンライン

困った場面

授業外での場面

　歌唱教材を取り扱ううえで，はじめに音源を聴いたり教師が歌って聴いてもらったりする場面などがあるかと思います。そのときに，子どもたちにしっかり聴いてもらうことと同時に，子どもの聴き方にも着目してみましょう。

　気がついたら体を揺らしながら聴いていたり手拍子をしながら聴いていたり，身体的表現で音楽を感じている子どもたちが意外とたくさんいます。その姿は大切にしたいポイントだと感じます。

T　みんなこれから曲を聞いてみるよ！
C　はーい！
　このときは，音源を流しながら机間指導をしましょう。
T　〇〇君，手拍子を入れながら曲を聞けているね。
T　すでに声が出ているよ‼
T　〇〇さんは，体を揺らしながら聴けているね。体で音楽を感じていて素敵！

　ここで大切にしたいのは，音楽を体で感じている視点です。この後，どのような声で歌うかは未知数ですが，少なからずその音楽に浸ってくれている証であるように感じます。そこで声を出していなくても，音楽を感じている姿に焦点を当てて言葉がけを大切にしていきたいです。

　ここで音楽に対しての前向きな気持ちを価値づけることによって，さらに音楽活動を深めていくときの財産になっていくように感じます。

NG ワード「動くのは騒がしいからやめなさい！」

立ってくれた勇気が嬉しいな

教　　材	春の小川（高野辰之作詞・岡野貞一作曲）
使用場面	全体で歌うとき
タイプ	すべての子ども
ねらい	視覚的にわかる行動に着目して価値づけする

　低・中学年くらいで物事に向かう気持ちがしっかりつくられると高学年になったときにより深い授業展開が期待できます。歌唱は音楽活動の中で最も心理的部分が関係する活動だと感じます。そこで，様々な言葉がけで歌唱活動に向かって表現しようとしている姿に価値づけしていきましょう。ここでは曲が歌えるようになってきたプロセスを可視化して言葉をかけていきます。

　「春の小川」を用いた例です。

T　どんな曲かまずは聴いてみよう！

　このときの様子でも「体で音楽を感じているね」（p.57）のような言葉がけを心がけましょう。

T　次はどこかの段だけ歌ってみよう！　どの段を歌ってみようか？

C　4段目‼

T　よし，じゃあ4段目。

　このように音を取るときも一方向にならないように気をつけましょう。

T　じゃあ，少しずつ歌えるようになったら立って歌ってみてね。

　この立っていく過程こそが，しっかり視覚的な情報から言葉がけをするチャンスです。

C　はるのおがわは　さらさらいくよ

T　わーーすでにこんなにたくさんの人が立ってくれたんだね。

T　立ってくれた勇気が嬉しいな！

T　でも，まだまだ立ってくれそうな人がいるからもう少し歌ってみよう。

NG ワード「歌えているんだから立ちなさい！」

28

とっても音楽的に感じたよ

教　　材	春の小川（髙野辰之作詞・岡野貞一作曲）
使用場面	全体で歌うとき
タ イ プ	感受性豊かな子
ね ら い	視覚的にわかる行動に着目して価値づけする

　低・中学年くらいは，音楽の雰囲気を感じ取ってその曲にあったノリで歌っている子どもの様子を見かけます。自由に音楽を感じる子どもたちの様子はとても素敵ですね。歌おうとする気持ちから，歌の特徴を感覚的に感じている様子にも焦点を当てて言葉がけしていきましょう。

　「立ってくれた勇気が嬉しいな」（p.58）からの続きの授業です。

T　もうクラスの半分以上が立ってくれたかなー。

T　でも，座っている人もゆっくりで大丈夫だからね。ちなみに，教科書を見ながら歌えたら立って大丈夫だからね。

T　よし，もう少しやってみよう。

C　はるのおがわは　さらさらいくよ

　「さらさら」の部分で声と同時に顔が動いている子どもを見つけた場合は，次のように言葉がけします。

T　○○さんが「さらさら」のときに音楽に合わせて顔が少し動いていたのがとっても音楽的に感じたよ。

　音楽を感じている様子は，行動観察がとても重要になってきます。子どもたちの一瞬一瞬に言葉がけのチャンスがあるので CD 音源を使うなど工夫してしっかり子どもたちの様子を見ていきましょう。音楽を感じた動きは中学年くらいまで多く見かけるので，このような時期に自由に音楽を感じることができる空間づくりをすることを大切にしましょう。

NG ワード「もっと音楽を感じなさい！」

歌唱・心の解放 　　　　　　　　　　　　　　　　　　　　　　　　中学年

好きな旋律の段を歌ってみてね

教　　材	ふじ山（巌谷小波作詞・文部省唱歌）
使用場面	全体で歌うとき
タ イ プ	すべての子ども
ね ら い	旋律の特徴に着目するようにする

　３年の教材の一つ「ふじ山」は，日本に残る名曲です。私は，九州出身のため３年生のころ実際の富士山を見たことがありませんでした。しかし，この曲を歌いながら大きな富士山が頭の中に浮かんできて想像しながら気持ちよく歌ったことを思い出します。その理由の一つとして旋律の特徴が関係しているかと思います。最後の最高音は，とても印象に残る旋律です。

　今考えると，この高音で伸ばす音が富士山の壮大さを感じさせてくれていたように感じます。このように，何となく好きな部分から旋律の特徴に迫ることができると，子どもたち自身で音楽の面白さを見つけることにもつながっていくと思います。ぜひ，そのような言葉がけを考えてみましょう。

T　まずは「ふじ山」に慣れよう！
　ここで「体で音楽を感じているね」「立ってくれた勇気が嬉しいな」（pp.57-58）などを使いながら何度か歌っていきましょう。
T　じゃあ，自分が一番好きだなって感じる旋律を探しながら歌ってみてね。
　子どもたちは旋律を歌います。
T　見つかったかな？
　ここでは，感覚的に好きだと感じる心情を大切にしましょう。
T　CD を聴いて自分が好きな段（４段中）が来たら手を挙げてみよう。
　ここで手を挙げることでも視覚的に聴いていることがわかります。
T　次はその好きな旋律の段だけ歌ってみてね。
　このように何度も歌い続けて，自分の好きな部分を探っていきましょう。

NG ワード「好きな部分を見つけなさい」

30

どうしてそこが好きだと感じた？

教　材	ふじ山（巌谷小波作詞・文部省唱歌）
使用場面	全体で歌うとき
タイプ	理論派の子
ねらい	感覚的なものを言葉に表すようにする

　ここでは「好きな旋律の段を歌ってみてね」（p.60）で感じた好きな旋律から言葉がけをもう少し広げてみましょう。感覚的に好きだと感じたものから旋律の特徴がわかると，子どもたちの中で特徴を教えられるよりも体の中に残っていきます。

　また，この「どうしてそう思うの？（What makes you say that?）」という言葉がけは，子どもの思考が促進される魔法の言葉であるとアメリカの教育研究者である R. リチャートは言っています（『子どもの思考が見える21のルーチン』北大路書房，2015）。ぜひ，音楽を通して子どもの思考もどんどん広げていきましょう。

T　みんな自分の好きな旋律が見つかってきたね。

T　じゃあ，その部分がどうして好きか話せる人はいるかな？

C　!?

T　そうだよね。少し難しいね。

T　もう一回自分の好きな段を理由も考えながら歌ってみてね。

　子どもたちは好きな段を歌います。

T　では，理由が言える人はいるかな？

C　はい！　僕は一段目が好きです。穏やかに富士山の様子を話しているみたいだからです。

T　なるほど。確かに音が低いから穏やかな印象があるね。

　このように，子どもたちの言葉に音楽的価値づけを考えてみましょう。次第に子どもたち自身で音楽的価値から思いを話してくれるようになります。

31

おっ！　誰かの声が響いている

教　材	ゆかいに歩けば（保富康午訳詞・F. W. メラー作曲）
使用場面	全体で歌うとき
タイプ	すべての子ども
ねらい	楽しみながら歌唱技能へつなげる（響き）

　高学年に近づいてくると，声で音を重ねていくハーモニーによる活動が増えてきます。私は，合唱は様々な力をつけていくことができると考えており，また，その醍醐味はハーモニーを味わうことだと思っています。そこで，響きのある歌声に少しずつ慣れておきましょう。「ゆかいに歩けば」は旋律の特徴などで使われやすい教材ですが，声の響きを味わうのにも大変有効です。隙間の時間でぜひ響きのある声にもアプローチしてみましょう。

T　「ゆかいに歩けば」を歌ってみよう！
C　ゆかいにあるけば　うたもはずむ…
　　バルデリー　バルデラー　バルデローーーー
T　おっ!?　今，すっごく響いている声が聴こえた！
T　しゃべり声とは違う誰かの声が響いているよ。
T　もう一回，「バルデロー」の部分だけやってみて伸ばしてみよう。先生がちょっと回って響いている人を探してみるね。
C　バルデローーーー

　ここでいろいろ回ってみましょう。そのときに息をしてよいからずっと声を続けてもらうようにします。

T　見つけたよーー。今先生が肩をたたいた人立ってみてね。この声は歌のときによく使うから「歌声」と名づけよう。

　このように少しずつ響きの観点にも目を向けていきます。また，「他にもいたんだけどまずはこの人たちに」というように全員に希望がもてるように心がけましょう。

32

どれくらい伸ばせるかな？

教 材	ゆかいに歩けば（保富康午訳詞・F. W. メラー作曲）
使用場面	全体で歌うとき
タ イ プ	努力家な子
ね ら い	楽しみながら歌唱技能へつなげる（息）

　歌唱活動において「息」は大変重要なポイントになってきます。しかし，息が大切だからと言って子どもたちに指示しては単なる訓練になってしまいます。少しゲーム性をもって取り組める言葉がけで「技能」も磨いていきたいです。「おっ！　誰かの声が響いている」（p.62）では響きに着目しましたが，その響きを使って「息」にも着目してみましょう。

T　みんな！　響きのある歌声が使え出したね。

T　じゃあ，次はその声が一息でどれくらい伸ばせるかやってみよう。まずは，バルデリー旋律を使って「リ」で伸ばしてみようね。せーの。

C　バルデリ————————————————

C　はーー疲れた!!

T　疲れたっていうのは一生懸命やっている証だよ！

　活動しているとこのような言葉をかけるチャンスも出てきます。逃さないようにしましょう。

T　じゃあ，どれくらい伸ばせるかゲームしよう！

T　息が終わったら座ってね。じゃあ，一番高い音の「バルデロー」でいこう。

T　せーーーーの。

C　バルデロー——————————————

　このように楽しみながら「息」についても学んでいきましょう。息がなくなると声が終わるということも体験を通して学んでいけると思います。少しでも息が長くなった子にもしっかり言葉がけをしましょう。

歌唱・心の解放　　　　　　　　　　　　　　　　　　　　　　　高学年

その重なりが心地よかった？

教　　　材	夢の世界を（芙龍明子作詞・橋本祥路作曲）
使用場面	全体で歌うとき
タイプ	すべての子ども
ねらい	ハーモニー感覚を身につけるようにする

　高学年では，二部合唱で歌う活動が多くなってきます。子どもたちの声が重なるハーモニーは人の心を癒す力をもっていますね。しかし，子どもたちの中ではこちらが思っている以上にそのハーモニーを味わえていないことがあるようです。そこで，日々の授業の言葉がけで子どもたち自身もその美しさを体感してほしいと感じます。

T　まずは旋律を歌ってみよう！

　ここでは「しっかり音楽についてきているね」（p.56）のやり方を使うなどして工夫しながら歌えるようになるように進めていきましょう。

　主旋律に慣れてきたら，ピアノの得意な先生は途中から副旋律を入れるなどして子どもたちに次のような発問もしてみます。

T　今，先生の演奏少し変えたんだけど何か気づいた人いる？

C　はい!!　アルトが聴こえた!!

　4年生の教材「もみじ」あたりでアルトという言葉もしっかり習得しておきましょう。

T　聴こえた人はアルトにも挑戦してみよう。

　慣れてきたらいよいよ合わせます。合わせまで行き着いたら，①つられなかった人？，②違うパートの声も聴こえた人？，③その重なりが心地よかった人？，のように3段階に分けて言葉をかけてみましょう。自分の現状を整理できるので，段階に分けて発問することを大切にしてみてください。

34

少人数で歌おうとするってすごい

教　　材	夢の世界を（芙龍明子作詞・橋本祥路作曲）
使用場面	少人数で歌うとき
タ イ プ	すべての子ども
ね ら い	ハーモニー感覚を身につけるようにする

　「夢の世界を」を用いて少しずつ全体の合唱で二部に慣れてきたら，少人数でハーモニーをつくる活動にもつなげていきたいです。少人数でやることには様々な利点があります。

・少人数でもできるという気持ちがもてる
・少人数で歌っても大丈夫といった空間がクラスの中につくられる
・ハーモニーを体感しやすくなる
・クラス全員合唱に戻ったときに一人ひとりが自信をもてる

　これらを踏まえて少人数で歌う活動へ広げていきましょう。なお，はじめはほんの２小節ほどから始めます。ほんの少しが大きなポイントです。

T　もう，かなり歌えるようになってきたから少人数でやってみようかな。
　この時点でどちらの旋律にも慣れてはおきましょう。
T　じゃあ，後半の「さあ」の部分だけソプラノ５人，アルト５人でいける人いる？
　年間を通してこのような活動をやっていればかなりの人数が挙がってきます。
T　わーーー！　すごい!!　こんなにいるの？　できる，できないではなくて，少人数で歌おうとするってすごいことだよ！

　このように，できたことの前にそこに向かおうとしたプロセスに声かけをしましょう。

後半が二部合唱になるのってどうして？

教　材	夢の世界を（芙龍明子作詞・橋本祥路作曲）
使用場面	全体で歌うとき
タ イ プ	すべての子ども
ね ら い	感覚を言葉にして思考と表現を深める

　技能的な部分が充実してくると表現も深めていきたいです。私は，思考は表現に大きくつながってくると捉えています。教材の特性に合わせて，子どもたちが思考を深めてくれる言葉がけを考えていきましょう。

　「夢の世界を」は，前半は斉唱，後半は二部合唱というわかりやすい構成の中，未来へ向かって突き進んでいくような印象を与えてくれる後半の部分に最高音が使われています。私自身が子どものころからある名作の一つです。これらの特徴を生かして言葉がけを考えてみましょう。

T　みんな，ちょっと作曲家さんの考えに迫ってみよう！　この曲は，どうして後半だけを二部合唱にしたんだろうね？

C　んーーーー??

T　確かに難しいよね？　自分なりの考えでいいから考えてみてね。

C　はい！　前半は現実をしみじみ歌っていて，後半は未来を歌っているから，未来は広がっているよといった想いを込めて二部合唱にしている。

T　おーーー出てきたね。

T　他にあるかな？

C　「未来は明るい」というイメージ!!

T　それも素敵だね！

　私はこのような思考を創造的思考と考えています。一つの事実をきっかけに様々な思考が広がっていく。これこそが，未来につながる思考力でもあるように感じています。

しっかりタイミング合っている

教　　材	月とロケット
使用場面	カスタネットに触れるとき
タ イ プ	元気な子
ね ら い	打楽器を鳴らすタイミングを発見するようにする

　１年生のはじめに使う器楽と言えば，打楽器系のものが多いかと思います。ここではカスタネットを使ったときの実践と言葉がけを紹介します。

　カスタネットなどの楽器が配られたときは，子どもたちはまずは触ってみたいと思っています。触れる方法はいろいろありますが，ここでは「月とロケット」という実践でカスタネットを使ってみましょう。

　方法は次の通りです。

① 　教師の左手をグーにして月に見立て，右手をパーにしてロケットに見立てる

② 　左手の月の前を右手のロケットが通過する瞬間にカスタネットを鳴らす

③ 　この作業を左右に動かしてタイミングをつかんでいく

T　じゃあ，月とロケットいくよ！

T　３２１・出発!!

C　カン!!

　何度か続けます。

T　わーーー!!　しっかりタイミング合っているね！

T　しっかり見てくれているし集中しているね!!

　このように，ゲームの中でカスタネットに十分触れて「ところですばやくしまえたりする？」と聞くと子どもたちはしまうことに夢中になってきます。ぜひ，まずは楽器に触れてたくさんの言葉がけをしていきましょう。

NG ワード「間違えてはいけません」

37

みんなよく見ているなー

教　　材	ハンカチリズムゲーム
使用場面	様々な楽器（トライアングル，すず，タンブリン等）に触れるとき
タ イ プ	すべての子ども
ね ら い	遊びの中で楽器と仲良くなるようにする

　ここでも「しっかりタイミング合っている」（p.67）に続いて様々な楽器に自由に触れやすい実践を紹介します。新しい楽器に触れるときに，まずは自由に楽器に慣れてほしいです。しかし，教材の中で触れると拍に合わせたり，少し音楽的な場面で使われることが多いかと思います。そこで，そのような実践の前に子どもが自由に触れやすい実践を入れたいと思います。

　ルールは，次の通りです。
① 　ハンカチを教師が手に持つ
② 　手からハンカチが離れたときに楽器（カスタネット等）を鳴らす

T　みんな，先生の手からハンカチが離れたら楽器を鳴らしてね。
T　いくよーーー。（ハンカチを投げてキャッチ）
　この行動を何度か繰り返します。
C　パチパチパチパチ…
T　みんな，しっかり止まれてびっくり！
T　よく見ているなーー！　すごい力だね。
T　次は先生の代わりに誰かやってもらおうかな？

　いろいろな楽器を自由に楽しみながら触れることができて，子どもに主導権を渡すこともできます。また，「よく見る」といった小さな努力の過程に価値づけし，それらを積み重ねることも重要です。

NGワード「しっかり見なさい」

38

拍とリズムがわかっている大賞

教　材	さんぽ（中川李枝子作詞・久石譲作曲）
使用場面	拍を刻める楽器を扱うとき
タ　イ　プ	やんちゃな子
ね ら い	拍とリズムの違いを体感するようにする

　低学年でよく使うリズム楽器を通して，音楽的知識も楽しみながら身につけてほしいと感じます。ここでは，拍とリズムの違いを習得する中での言葉がけを紹介します。拍とリズムの概念は子どもたちにとって意外と混ざっていることが多いです。その特徴を生かすことで活動がより面白くなってきます。

T　「さんぽ」で，先生が拍じゃなくなった瞬間に手を挙げてね。

C　はーーい。

　ここでは教師のカスタネットから間違い探しをします。

T　（「さんぽ」の演奏に合わせて）カンカンカンカン　カンカンカンカン
　　カッカッカカン…

C　（たくさんの挙手）

T　えっ？　先生，どんなふうに間違えていた？

C　歌のリズムになっていたよ!!

T　おーー！　そっかー!!!　ありがとう！

T　じゃあ，今度はみんなが拍を打ってみて。

C　オッケー。

　　カンカンカンカン…

T　次は歌のリズムーーー。

　　カンカンカーーン　カンカンカーーン…

T　すごい!!　〇〇君，拍とリズムがわかっている大賞だー!!

　個に目を向けて言葉がけすることが大切です。

そんなに早く全部のドが弾けてびっくり

教　　材	「ド」探しゲーム
使用場面	鍵盤ハーモニカの導入
タ イ プ	すべての子ども
ね ら い	「ド」の場所を把握するようにする

　鍵盤楽器等で驚くのは，高学年になっても「先生，ドの音ってどこ？」とよく聞かれることです。教科書では1年生で出てきますし，教師にとっては教えたつもりだけに責任を感じてしまいます…。しかし考えてみれば，教えた割に使う頻度が少ないのも事実であるように感じます。音楽が週に2時間で，その中でも鍵盤ハーモニカばかりを取り扱うわけではありません。

　そこで，「ド」に特化した遊びも取り入れて楽器に慣れましょう。その際にも子どもが楽器に自信をもてる言葉がけを考えていきましょう。

T　みんなー。先生，ドの位置がわからなくなっちゃった。誰か教えてくれないかな？

C　ここーーー。

T　ん？　よくわからないなー。言葉で教えてほしいからまずは隣の友達に説明してみて。

T　どうだった？　先生と一緒でわからない人もいるよね。誰か教えて‼

C　はい！　この2つの黒いやつのこっち（左）側。

T　なるほど。黒いやつ（鍵盤）を目印にするのね。オッケー。

T　じゃあ，鍵盤ハーモニカの中にいくつあるかな？

C　3つーー。

T　じゃあ，その3つを早く吹ける大会するよ！　練習してみて。

　机間指導をしましょう。そこで個々に言葉がけします。

C　わーーー！　そんなに早く全部のドの音が弾けてびっくり‼

　人に説明できたときに学びが「enter」されると考えています。説明の時間をつくることを心がけましょう。

40

どうしよう！ 指が足りないよー

教　　材	こぎつね（ドイツ民謡）
使用場面	鍵盤ハーモニカでの演奏範囲が広がるとき
タイプ	優しい子
ねらい	指の切り替えを発見するようにする

　私は，言葉がけにはいろいろな種類があるように感じます。子どもに自信をもってもらう言葉がけとともに，子どもが考え出してくれる言葉がけです。教師がどうしようと困っていると子どもは一生懸命考えて助けてくれます。そんなとき，子どもたちの素直な優しさを感じずにはいられません。

T　じゃあ，「こぎつね」を鍵盤ハーモニカでも吹いてみようね。まずはそれぞれやってごらん。

　この実践までにたくさん歌っておきましょう。（階名唱を含む形で）歌えると器楽活動がとてもスムーズになります。

C　ドレミファソーソー

T　みんなー!!　大変!!

C　!?

T　先生もやってみたんだけど途中，指が足りなくなっちゃった。

T　どうしよう…。

C　先生！　指を変えたらいいよ!!

T　どんなふうに？

C　ラにいったときに指を変えてみるんだよ。

　運指は様々な方法があるのでいろいろ考えましょう。

T　なるほどーーー!!　ありがとう。やってみる。

　私はこの曲のようにポジションが変わるときに「腕の瞬間移動」と言っています。子どもたちに主導権がいくような言葉がけを考えて，私たち教師が教えてもらいましょう。

41

すごい！　自分で音符が読めているね

教　　材	おなかの体操（鎌田典三郎作詞・作曲）
使用場面	楽器活動
タ イ プ	すべての子ども
ね ら い	読譜のつながりを感じるようにする

　器楽活動において必要な要素の一つとなるのが，音符を読むことです。耳で聴いて感覚的に演奏することも器楽の楽しみ方の一つですが，音符を見て演奏する力も身につけると，さらに器楽活動が楽しくなるように感じます。ここではアイコンパズルを使って読譜の知識を身につけるとともに，そのときにかける言葉がけを考えていきましょう。

　「おなかの体操」を用いた例です。右のような図を出します（画面はロイロノート・スクールより）。

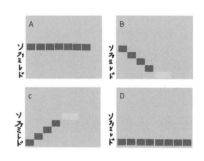

T　みんな，この赤とピンクのカードにドレミ（階名）を書き込めるかな？
C　んーーーー！？
T　じゃあAの一枚目の赤カードのドレミがわかる人いる？
C　はい！「ソ」。
T　おーーー！　どうしてわかったの？
C　だって隣に音が書いてあるもん!!
T　なるほどーー。それに気づいたんだね。みんな続きも書ける？
C　次もソ，次もソ…
T　すごい!!　自分で音符が読めているね！

　ポイントは，視覚的な情報をきっかけに自分自身でドレミ（階名）を発見していくということです。その過程では様々な前向きな言葉がけが可能です。

NG ワード「先生が音符を言うので書き込みましょう」

42

いろいろな音を探してみようよ

教　　材	リコーダーに慣れられる教材
使用場面	リコーダー活動
タ イ プ	すべての子ども
ね ら い	自分でいろいろな音を探してみるようにする

　リコーダーの活動を行ううえで，導入部分ではどうしても注意事項などの「指示」が多くなってしまうように感じます。しかし，子どもたちにとって初めての楽器を手にしたときに感じることは「とにかく吹いてみたい‼」といった心情ではないでしょうか。そこで，まずは楽器に触れていろいろ感じてほしいと思います。

　初めてリコーダーを触るときに，
T　リコーダーの穴っていくつある？
C　えっとーーー。8個？　9個？　10個？
T　13個だよー（吹き口やエッジの部分なども入れましょう）。
T　穴だらけだねー。じゃあさっそく，どんな音が出るかやってみよう。
T　穴だらけだからふさいだり，開けたりいろいろ試していろんな音を探してみようよ。制限時間は20秒。これだけがルールね。スタート。
　かなりの音量になると思いますが，まずは吹きたい欲求を満たしましょう。
T　５４３２１…20秒ーー！
　このときもしっかり吹くのをやめた子どもに焦点を当てて言葉がけをしましょう。
T　なんかいろいろな音が聴こえたねー。でも全員がリコーダーに触れていて嬉しかったよ。

　この後，「いろいろなイメージで息を吹いてみよう（嬉しい息，眠る前の息）」など息の強さによって音色が変わる楽器ということを子どもが実感できるようにしましょう。

今のどうやってできたの？

教　　材	タンギングを知れる教材
使用場面	リコーダー活動
タ イ プ	一生懸命な子
ね ら い	タンギングを演奏に生かすようにする

　ここでは，まねっこ遊びでいろいろなリコーダーの音に触れていきます。その際，子どもたちがリコーダーの奏法を考える瞬間もつくっていけたらと思います。リコーダーは解体できることも知れることと，音色だけに焦点を当てたいので頭部管だけにしてやってみます。

T　みんなーー。リコーダーの上の部分（頭部管）だけとれるかなー？
C　できるよー！
　このとき，足部管が取れやすいので支援してあげてください。
T　じゃあ，制限時間5秒で元気な息！　せーの。
　指で時間を示しましょう。
C　ブーーーーーーー（T　ストーップ）
T　優しい息ーー！　せーの。
C　ふーーーーー（T　ストーップ）
T　じゃあ次は先生のリコーダーの音を真似してね。
T　フーフーフー
C　フーフーフー
T　テゥックテゥックテゥックテゥックテゥック！（ここはタンギングを使って細かい音にします）
C　テゥックテゥックテゥックテゥックテゥック！
T　あれ，これ簡単についてきた人いる？　今のどうやってできたの？　結構，難しいはずなんだけど何か工夫した？　もう一回やってみるよ。

　息の吹き方に工夫できている子どもを探してみてください。

器楽　　　　　　　　　　　　　　　　　　　　　　　　　　　　　中学年

今の歌をリコーダーでも歌ってみよう

教　　材	なべなべ（わらべうた）
使用場面	リコーダー活動
タ イ プ	すべての子ども
ね ら い	演奏に対しての成功体験をつくる

　リコーダーは3年生から始まることが多いかと思いますが，教科書などの教材で実践を続けていると，苦手意識をもつ子どもが多くなっていくように思います。そこで，簡単に歌える曲などを使って演奏することで成功体験をつくっていきましょう。その際，わらべうたは音域も狭いのでとても有効な教材です。

　「なべなべ」で遊んで教材に慣れます。
T　じゃあ，みんな。この歌を「ラ」スタートで音符で歌える？
C　ラーソーラーソーラーラララー，ラーラララランシシラララソラー
　このときはすべて感覚的な要素を大切にしましょう。
T　次は，今の歌をリコーダーでも歌ってみよう！
T　さっそく，楽器を出した人から始めていいよ。
C　ラーソー…
T　おーー！　なんかリコーダーでもこの曲が聴こえてきたよ!!
　歌が耳にしっかり入っているため想像以上に簡単に演奏できますが，机間指導をして困っている子どもがいたら支援しましょう。
T　じゃあ，みんなでやってみよう。せーの。
C　ラーソーラーソーラーラララー…
T　おーーーすごい！　できている。

　この実践を以前行ったときに，5年生の子どもが「俺ってリコーダー吹ける人だったんだ」とポツリと言いました。いかに成功体験を積んでいなかったかを感じる言葉です。ぜひ小さな成功体験を積み重ねていきましょう。

45

すごい！　リズム大賞だー!!

教　材	なべなべ（わらべうた）
使用場面	楽譜に慣れるとき
タイプ	元気な子
ねらい	リズム読みに慣れるようにする

　器楽活動において中学年くらいまでにリズム読みに慣れておくと高学年の合奏活動がスムーズになります。なぜなら，音名と違ってリズムは記載することが難しいからです。そのためにも日々の常時活動でリズムに慣れておきましょう。また，そこでたくさんの言葉がけも考えていきましょう。

　教材は「なべなべ」で紹介しますが，わらべうたはどれも汎用性が高いのでいろいろ試してみてください。リズム読みはコダーイメソッドでのリズム読みを参考に，「四分音符＝ター　八分音符＝ティ　四分休符＝スン」としています。この読み方であれば，四分音符の推進力もリズム読みから感じることができ，八分音符との差もしっかり聞き取ることができます。

T　じゃあ「なべなべ」をリズム読みしてみようか？
C　ターターターター　ターティティタースン
　　ターティティティティティティ　ティティティティティタースン
T　おーできてきたねー!!　この曲って何種類の音符がある？
C　はい！　3種類!!
T　なるほど！　登場音符は3つね。その中で一つだけ自分が言う音符を決めてね。（「配役を決めて」でも可）
T　決めた音符が来たら立ってその音だけリズム読みしてね。せーの！
C　ターターターター（ターグループの人が立って言う）…
T　おっ!!　〇〇君の立ち方すごいパワー!!　リズム大賞だー!!
　　ここは感覚的に立ち方が元気な子を指して空間を盛り上げていきましょう。

NG ワード「しっかり立ちなさい」

46

同じパターンってあるのかな？

教　　材	茶色のこびん（アメリカ民謡）
使用場面	楽器活動
タイプ	洞察力が鋭い子
ねらい	リズム感と読譜のつながりを感じるようにする

　「茶色のこびん」は，いくつかのリズムパターンで旋律がつくられています。子どもたちがクイズのように考え始めてくれる発問は，その後たくさんの前向きな言葉がけにつなげていくことができます。ぜひ，教材の特徴を生かしていろいろな言葉がけを心がけていきましょう。

　まずは，歌やリズム打ちなどで教材になじんでおきましょう。

T　みんな，声でも手拍子でも歌えるようになってきたねー。

T　ちなみに，この曲って同じパターンのリズムってあるのかなー？

T　じゃあ，はじめの2小節と同じリズムが出てきたら手を挙げてみてね。

　はじめのリズムは♪♩♪♩ ♩♪♩♪♩ ♩です。音源を流す，もしくはピアノで旋律を弾いたり教師が歌ったりします。

T　ミソーソソー　ファラーラララ　シーシーシーラーシードーレーミースン
　　ミソーソソー　ファラーラララー（ここで手を挙げる）…

T　おーー!!　しっかり手が挙がったー!!　すごい！（嬉しい感情）

　このような流れで，すべてのパターンでやってみましょう。教科書によりますが，私が使っているのは4種類のパターンがある楽譜です。パターンに慣れてきたらリズムリレーをしてみます。

T　じゃあ，演奏するリズムパターンを一つ決めて，そこだけ立ってリズム
　　打ちしてみてね!!

　ここで楽しみながらリズムを学んで，器楽演奏につなげていきます。ここまでやると鍵盤ハーモニカは比較的やりやすいと思います。楽器でも一つリズムパターンを選んだ部分だけ演奏するなど工夫して進めていきましょう。

47

この曲って違う音からでもできる？

教　　材	なべなべ（わらべうた）
使用場面	リコーダー活動
タ イ プ	すべての子ども
ね ら い	しくみがわかり様々な開始音で演奏できるようにする

　ここでも曲の音域が広くなく，少ない音数で構成されているわらべうたを活用して進めていきましょう。開始音を変えても曲を成り立たせていくという活動です。耳からの感覚的要素も使いながら運指も学んでいきます。子どもたちに吹けたという成功体験を積み重ねるとともに言葉がけを広げて，リコーダーの運指にもどんどん慣れていってほしいと思います。

T　一回演奏してみよう！　せーの。

C　ラーソーラーソーラーラララー…

T　おーーー。もう余裕だね。

T　みんな，この曲を高い「レ」スタートでもできる？

C　やってみるーー！　レードーレードー…

T　おっ，できている人がいる。じゃあ，その人は「レ」スタートにしよう。
　　せーの。

　ここで音の重なりも感じることができます。

T　ところで，どうして「レ」スタートでもできたの？

C　はい！　元々が隣の音に進んでいくから同じようにやりました！

T　なるほど!!　確かにそうだね!!（共感・納得）

　このように，曲の特徴を生かして感覚的にも吹きやすい実践を積み重ねていきましょう。案外吹けてしまう子どもが多いのでより肯定的な言葉をかけることができるようになると思います。「シ」スタートにすると「ド」の音はシャープ（#）をつけないとおかしな雰囲気になるので，小さなレベルアップにもつながっていきます。

ピッタリリズムできるかな？

教　　材	キリマンジャロ（ウォルフシュタイン・ウォルフガングヤス作曲）
使用場面	楽器活動
タ イ プ	元気な子
ね ら い	音とリズムの調和を体感するようにする

　合奏では，音をそろえることと同時に一体感を味わえるのはリズムがぴったり合ったときのように感じます（タイミング的要素）。しかし「リズムを合わせましょう」と言葉をかけてしまっては，ただの作業になってしまいがちです。そこで，子どもたちがやってみようと自分から思える言葉がけを考えていきたいです。それぞれの教材でリズムが少し複雑な場所を選びます。

　ここでは「キリマンジャロ」の一部分を例として使います。

T みんな。〇〇の部分を，まずは手拍子で先生と一人でピッタリリズムできる人いるかな？

　高学年になると少し勇気のいる活動です。

T ちょっと緊張するよね。隣の人と確認してみていいよ。

　目的に向かって確認する時間を心がけましょう。

T どうかな？（**C** はい!!）

　ここで手が挙がる人が増えたら，しっかり活動に取り組めたからこそつながった勇気だということを伝えましょう。

T その気持ちがすごく嬉しいよ。多少合わなくても大丈夫。やってみよう。

C （手拍子で）ティティティティシュターティ　ティティティター

　そろっていたら一緒に喜び，少しずれてもやってみた勇気に焦点を当てます。この活動から，「じゃあ，リコーダーでもピッタリリズムできるかな？」とつなげていきましょう。子どもたちの中ではゲーム感覚の中で合わせるということを学んでいきます。小さなアンサンブルの達成感も肯定的な言葉がけで広げていきましょう。

耳でも目でもリズムがわかるってすごい

教　　材	ほたるこい（わらべうた）
使用場面	楽器活動
タイプ	すべての子ども
ねらい	感覚と理論を結びつける

　音楽表現の特徴として，耳からの情報でも音楽を表現でき，目からの情報でも表現につなげることができることです。耳は感覚的なものですが，目からの情報は少し知識的なものが必要になってきます。器楽活動においては，目からの情報が必要になってくる場面も多く出てきます（楽譜）。その特徴を生かして子どもたちへの言葉がけを考えていきましょう。

T　みんな，まずこの曲聴いてね。
T　ほっほっほーたるこい…
T　歌えそうな人は立ってみよう。
C　（少しずつ立つ）
T　もう立てる人がいるんだね。
T　聴いただけでもいけるんだね。
T　じゃあ次はリズム読みね。
C　タースン　タースン…

T　あれっもうリズム読みが聞こえる。さすが！　じゃあみんなで読むよ。せーの。
C　タースン　タースン　ターティティタースン
　　ターティティターティティターティティタースン
　　タースン　タースン　ターティティタースン
T　耳でも目でもリズムがわかるってすごい!!

　たくさんの事実をもとに前向きな言葉をかけていきましょう。

50

この曲って好きになってきた？

教　材	木星（グスターヴ・ホルスト作曲）
使用場面	楽器活動
タイプ	すべての子ども
ねらい	技術習得を達成感につなげる

「木星」は，世界中で愛されている曲の一つではないでしょうか。鑑賞教材としても学びを深めることができますが，器楽教材としても曲に触れることができます。まさに偉大な作品に直接触れるということです。曲が元々もっている力を借りるとともに，それを演奏できるようにしてより音楽の楽しさを体感していきましょう。

　はじめに，長谷部匡俊編曲のリコーダー，鍵盤ハーモニカが軸となっている編曲譜の，木星合奏音源を流します。

T　みんなどんな楽器が聴こえているか聴いてみてね。

C　リコーダー。鍵盤ハーモニカ。

　この2つは比較的にすぐ出ると思います。

T　じゃあ，リコーダーが主旋律のときは立って，鍵盤ハーモニカが主旋律のときはしゃがんでね。ではよく聴いてね。

　ここで主旋律に耳を傾けるようにします。また少しアクティブな活動で授業に動きをつけます。旋律がわかってきた後，「すごい！　自分で音符が読めているね」（p.72）で紹介したアイコンパズルなどを使って旋律の音符に触れ，リコーダーで演奏してみます。その前に「Lu」の発音などで歌った後，階名でも歌っておくと器楽演奏がスムーズです。

T　Luでも音名でも歌えたらリコーダーでもやってみよう。

C　なんか吹けるようになってきた!!

　最後に「吹けるようになったらこの曲好きになってきた？」などの言葉がけで，好きになった感情は前向きに活動した証であることも伝えます。

みんな発見名人だね

教　　材	絵から曲を予想して聴ける教材
使用場面	鑑賞
タ イ プ	すべての子ども
ね ら い	自分の考えから鑑賞へつなげる

　鑑賞には，様々な活動が存在します。その中での原点は子どもたちが単純に音楽を聴いて様々な心象を感じることではないでしょうか。その考えを大切にしたうえで，低学年では音楽に興味をもてる視点を大切にして鑑賞を進めていきたく思います。

　ここでは，一つの絵をきっかけにどんな曲がありそうか予測して鑑賞します。そのプロセスで様々な言葉をかけていきましょう。

　例えば，「犬のおまわりさん」「ぞうさん」「めだかの学校」「こいのぼり」の絵を提示します。

T　みんな，この絵からどんな歌が想像できるかな？

　それぞれの絵に対応した発言が挙がるので，出た意見をしっかり板書しておきましょう。

T　おーー！　たくさん見つけたねーー！

T　じゃあ，どんな歌があるか聴いてみようかー。いくよー！

C　オッケー！

　それぞれの絵に対応した曲を流します。

T　おーーーすごい!!　全部の絵が出てきたね！　みんな発見名人だね！

　絵などを見て流れる音楽を予想してから曲を聴いてみると，想像以上に子どもたちは音楽に耳を傾けて聴いてくれます。そして，自然に歌い出す子どもたちも出てきます。そこからたくさんの前向きな言葉がけを子どもたちにしていきましょう。

音楽づくり・鑑賞　　　　　　　　　　　　　　　　　　　　　低学年

みんなノリノリで特徴を聴けているね

教　　材	チェチェコリ（ガーナ民謡）
使用場面	鑑賞
タイプ	音楽が苦手な子
ねらい	音楽の特徴を発見するようにする

「チェチェコリ」は，旋律が繰り返されることとテンポが速くなっていくのが特徴的です。その特徴を生かして活動を広げていきましょう。特徴に合わせて活動すると，子どもたちは楽しみながらその音楽に迫ることができて，教師からの言葉がけも前向きな言葉が生まれていきます。ぜひ，音楽を深めながら前向きな言葉がけをしていきましょう。

まず，「チェチェコリ」を聴きます。この時点で，音楽を感じて体を動かしたりしている子どももいると思います。その様子にも「音楽を感じているね」「もうノリノリだー」など音楽を感じていることに対して価値づけできる言葉がけをしていきましょう。

T　みんな，よく聴けていたね。だって，体を揺らしながら聴けていた人もたくさんいたよ。

T　ところで，聴いてみて何か気づいていたことある？

　ここで特に出てこなかったらもう一度聴いてみましょう。

C　なんか，同じ言葉言っていたー。

C　なんか，早くなったー。

T　ほんと？　もう一回聴いて確かめよう。

　もう一度聴いて確かめます。

T　ほんとだ!!　みんなノリノリでしっかり特徴を聴けているね!!

子どもたちは，音楽の情報からいろいろな発見をしてくれます。その情報をきっかけに子どもたちにたくさんの前向きな言葉がけをしていきましょう。普段は音楽が苦手な子どもが発見してくれることもありますよ！

その特徴でさらに遊ぼう!!

教　　材	チェチェコリ（ガーナ民謡）
使用場面	鑑賞＋音楽づくり
タイプ	すべての子ども
ねらい	音楽の特徴を生かして身体表現を考えるようにする

　ここでは、「みんなノリノリで特徴を聴けているね」（p.83）で子どもたちが出してくれた情報をきっかけに音楽の特徴を言語化していきます。その特徴を使って身体表現へとつなげていきましょう。身体表現することで、視覚的に子どもの様子を見取ることができるので、さらに具体的に子どもたちに言葉がけを行うことができます。

T　じゃあ、チェチェコリ遊びをするよ。

　教師がまず歌います。その後、子どもに耳を向けるなどして歌詞を繰り返してくれるように促します。きっと何人かの子どもは繰り返してくれると思います。

T　おーーー!!

　繰り返してくれたことを価値づけ、これらを他の歌詞でも続けます。

T　みんなは、先生と同じ言葉を何してくれている？　く○○○○。

C　はーーーーい!!　くりかえし!!

T　そうそう!!　その特徴でさらに遊ぼう!!

　この後、はじめは教師が歌に合わせて、子どもが真似（繰り返し）します。例：頭を4回触る⇒マネする　これを少しずつ難しくしていく。

　これらを続けた後、今度は子ども同士での活動へつなげていきます。子ども同士になったら、この「繰り返し」という音楽の特徴を軸に動きをつくっていきます。とても面白い動きも子どもたちは考えてくれるので、そこにも言葉をかけていきましょう。その中で「音楽の特徴でしっかり動けているね」「特徴わかっている大賞だー」など声をかけましょう。

いろいろな言葉が言えている？

教　材	食べ物ワールド
使用場面	音楽づくり
タイプ	よく聴いている子
ねらい	一定の拍で様々な食べ物の名前を入れるようにする

　音楽を学ぶ中で，「拍」という概念は最も基本的であり，とても大切なポイントでもあります。その拍を感じ取っていく活動の一つとして言葉を入れていきます。この活動は自由度も高く，子ども自身が様々な言葉を通して拍を体感できます。

　最初に，一定の速さで拍をたたくようにします。まずは教師から言葉を言ってコール＆レスポンスです。
　例：いちごー（４つの拍にのせて）→いちごー
　私は♩♩♩𝄾のリズムで拍を刻みます。
　次に文字数の多い言葉や，少ない言葉も入れるようにします。
　例：ドラゴンフルーツ，もも
　このあたりからいろいろな言葉がけを行っていきましょう。
T　ドラゴンフルーツ（C　ドラゴンフルーツ）
T　あれっ？　ドラゴンフルーツってたくさん言葉が入っているのにどうして言えたんだろう？
C　はい！　言葉を早く言っていたよ!!
T　ほんと??　じゃあ，先生が言っていたみたいにやってみて。せーの。
C　♩（ドラゴン）♩（フルー）♩（ツ）
T　おーーほんとだー？

　次は「もも」などにして伸ばしている音（もーも）が必要な言葉にも着目しましょう。このような体験のもと，音楽のつくり方を学びながら前向きな言葉を伝えましょう。

どの音楽が好きだった？

教　　材	様々な国の音楽
使用場面	鑑賞
タ イ プ	好奇心旺盛な子
ね ら い	鑑賞から身体表現へつなげ特徴を感じ取るようにする

　「ティニクリン」（フィリピンの伝統舞踊），「エースオブダイヤモンド」（デンマークのフォークダンス），「唐船ドーイ」（琉球民謡），それぞれに特徴のある音楽を聴き比べながら鑑賞する活動です。このときに，ただ聴いて印象を書くだけでは子どもの思考もただの感想になってしまいます。

　そこで，それぞれの音楽をしっかり味わって子どもたちの思考が広がっていく言葉がけを考えていきましょう。

　まずは3曲それぞれ聴き，純粋に感じた意見を聞きます。それらを踏まえて身体表現をします。子どもからの発言例は，次のようなものです。

A　ティニクリン→カンカンカンって言っている。歌がない。楽器いっぱい。

B　エースオブダイヤモンド→行進っぽい。2拍子？　ラッパ。シンバル。

C　唐船ドーイ→日本っぽい。沖縄っぽい。おじさん，おばさんの声がする。
　　踊りたくてにぎやか。ごちゃごちゃしている。

　その後3曲をランダムに流します。Aが流れたら「3つ」がわかる動き。Bが流れたら行進して，突然の楽器音のときジャンプ。Cは手を上に挙げて気持ちのまま踊る（カチャーシー）。これらを体験し「どの音楽が好きだった？」と言葉がけをすると，音楽と感情が入る意見が出てきます。右は，Bを選んだ子どもの意見です（画面はロイロノート・スクールより）。

ドンというところがステキ！

おどろくところがおもしろかった😊

しあわせにかんじるところがこころにひびく〜〜。

先生と🎵おんがくがあかるい。

おどりたくなる。

シンバルの音がいいとおもった。

日本🎵JP 🎵JP 🎵ぽいから
きてお祭りっぽいから

どうしてその旋律にしたの？

教　材	海風きって（高木あきこ作詞・石桁冬樹作曲）
使用場面	音楽づくり
タイプ	発想力が豊かな子
ねらい	つくった旋律に想いをもつようにする

　簡単な旋律づくりをしていく中で，私が一つ大切にしたいことは，その旋律に想いをもつことだと感じています。例えば，歌唱などは旋律に歌詞がついているのでその想いが言葉にものってきます。

　しかし，歌詞がつかない教材は，その想いが音楽そのものに込められてきます。きっと今でも古くから残っている作品は，その想いを聴衆が無意識に感じ取っているからかもしれませんね。その考えを軸に子どもたちにかける言葉を考えていきたいと思います。

　「海風きって」の1フレーズをつくってみる活動です。

T　みんな，この2小節を自分だけの旋律でつくってみようか。

C　旋律？

T　今回は，使う音を先生がいくつか伝えるね。

　ここでは4拍子の曲で2小節分つくります。リズムは♩♩♩♩♩𝄽です。1小節目は「レ」「ファ」「ソ」，2小節目は「ド」「ミ」「ソ」を使います。

T　ちなみにこの曲ってどんな曲？

C　海が出てくるー。

C　イルカがいる。

C　船が進んでいる。

T　じゃあ，自分の感じた考えを旋律に託してみて！

　ここでいろいろ考えた旋律を鍵盤ハーモニカで演奏しましょう。

T　誰かやってみてもらえるかな？

T　（子どもの演奏を聴いて）どうしてその旋律にしたの？

C　音を離して波のしぶきを出したかったから！

しっかりまとまりがわかっているね

教　　材	リズムづくりの教材
使用場面	音楽づくり
タイプ	すべての子ども
ねらい	音楽のしくみを理解するようにする

　子どもたちはリズム活動において，偶然的にリズムをつくっていくことが得意だと感じます（自由的）。その中で少しずつこだわりが生まれてきたら，音楽のしくみにもつながってきて，とても素敵な活動になっていきます。リズムは，演奏自体の技能があまり必要ないので子どもたちがつくることに集中しやすい活動です。そこで，たくさんの前向きな言葉がけが生まれてきます。ここでは，子どもたちの気づきからリズムづくりの活動につなげて言葉がけを考えていきましょう。

　まず，教師がリーダーで２小節分のリズムを打ちます。それをコール＆レスポンスします。次に，２小節という点だけにこだわり，子どもたちにもリーダーをやってもらいます。その際，「細かいリズムだったね」「伸ばすリズムを使っていたね」などの言葉もかけていきましょう。そして，教師がリーダーに戻り４小節分のリズムを打ちます。

T　（４小節分のリズム）（C　!!!!?）

T　どうした？（C　わからなかった）

T　なんで？（C　なんか，長くなったからー）

T　じゃあこれは？（前半２小節を同じパターン，後半を単純なリズムに）

　　♪♩♪♩♩×２　♩♩♩♩　♩♩♩♩　（C　できたー）

T　どうして，同じ長さなのにできたの？

C　最初，繰り返しだった。後半がわかりやすかった。

T　わーーー！　しっかりまとまりがわかっているね！

　この後まとまりを使って子どもたちにもリーダーをやってもらいましょう。

音楽づくり・鑑賞　　　　　　　　　　　　　　　　　　　　中学年

音楽の変化を感じ取っているね

教　材	メヌエット（ルートヴィヒ・ヴァン・ベートヴェン作曲）
使用場面	鑑賞
タイプ	すべての子ども
ねらい	音楽の変化を感じ取っていることに価値づけする

　「メヌエット」は，ABAの構成でできています。その構成を知っていくことで，音楽では様々な気分を味わうことができる仕掛けがあることを子どもたちが学んでほしいと感じます。また，その特徴を生かして子どもたちに前向きな言葉がけをするチャンスも生まれてきます。

　まず，常時活動で，ABAの特徴を使って体操をします。ここでの体操は音楽に変化が起きたら動きを変えていきます。動きは肩の上げ下げ，できるだけ息を長く吐く，ほおの上げ下げの3パターンです（ドラゴンクエストのテーマ→ドラえもんのテーマ→ドラゴンクエストのテーマに戻る，など）

T　みんな，しっかり曲が変わったのがわかっていたね。ちなみにドラクエをAとしたら今日の曲の流れはどんな流れ？

C　んーードラクエ→ドラえもん→ドラクエだから…ABA。

T　おーーーしっかり変わっているのがわかっているね！

　次に，「メヌエット」を聴きます。

T　何か気づいたことある？

C　ヴァイオリンが聴こえた。ピアノも聴こえた。ゆったり。3拍子。

T　ほんとに？　もう一回聴いてみるよ。次は音楽に合わせて3拍子ができるか友達と3拍子を生かしてたたいてみよう！（もう一回聴く）

　中間部でたたき方を変えた子どもがいた場合，

T　どうして途中，たたき方変えたの？

C　音楽がなんか変わったから。

T　おーー！　音楽の変化を感じ取っているね‼

　変化に気づかない場合は，わかりやすいAに着目して聴きましょう。

59

まだまだあるの？

教　　材	リズムアンサンブル
使用場面	音楽づくり
タイプ	発想力が豊かな子
ねらい	子どもたちの発想を大切にする

　ここでのリズム活動では，一つの言葉を使って音価を変えることでアンサンブルを楽しんでいく活動です。一つの素材であっても工夫することで音楽がつくられていくことを知り，子どもたちが音楽をつくることを通して思考を広げていってほしいと思います。さらにその活動のプロセスにおいて子どもたちへの言葉がけも考えていきましょう。

T　誰か４文字の名前の人，名前かしてもらっていいかな？

C　はい!!

T　おーー!!　ともひろ君，ありがとう!!

T　まずは拍に合わせてともひろ君の名前を言ってみよう。

C　とーもーひーろーとーもーひーろー…（♩♩♩♩）

T　じゃあ，次はこれ！　ともひろともひろ…（♫♫♫♫）

T　どうなった？

C　なんか早くなった。忙しい。

T　でも速さは変わっていないよねー。

C　音符が細かくなったー。

T　なるほど!!　ちなみに他にも何かできるかな？

C　はい!!　とーーもーーひーーろーー

T　なるほど！　伸ばすのね!!

C　はい!!!

T　えっ！　まだまだあるの？

C　とーーーーもーーーーひーーーーろーーーー

T　４拍伸ばすんだね!!（笑）

本当にそうなっている？

教　　材	ファランドール（ジョルジュ・ビゼー作曲）
使用場面	鑑賞
タ イ プ	すべての子ども
ね ら い	子どもの発見から活動を広げる

「ファランドール」は，とても親しみやすい旋律とともに旋律の重なり方について感じ取りやすい教材です。親しみやすい教材からは，子どもたちからもたくさんの言葉が生まれてきます。その言葉をきっかけに教師も様々な言葉がけをしていきましょう。

また，この教材を聴く前に，パートナーソングなど音を重ねることで音楽が変化する教材を取り扱っておくと，より活動（思考）がアクティブになっていくと思いますので，組み合わせて取り組んでみましょう。

まずは「小さな世界」（シャーマン兄弟作詞・作曲）全体を歌えるようにします。次に，前半組歌う部隊と後半組で分けて重ねます。

T　これ重ねても曲になるのかなー？

C　無理じゃない？

T　やってみよう!!→♪♪→C　おーーいけたーー!!

T　じゃあ，この曲をまず聴いてみよう！

「ファランドール」を何の先入観もなく聴いてもらいます。

T　何か気づいていたことある？　何でも言ってみて!!

C　なんかどっしりしていた。

C　速いとこもあったよ!!

C　なんか重なっていたような…

T　えっ！　本当にそうなっている？

T　よし!!　じゃあもう一回聴いてみよう!!

このように，子どもたちの声から言葉がけを工夫して2回，3回目とつながる空間をつくりましょう。

61

動きを変えている人がいるね

教　　材	音色による活動ができる教材
使用場面	音色の変化を感じるとき
タイプ	すべての子ども
ねらい	音色をきっかけに言葉がけを広げる

　音楽には様々な「音色」が存在します。その音色の変化により私たちは様々な心情を味わえているように思います。ぜひ，その音色を使って子どもたちと活動を広げて前向きな言葉がけも探っていきましょう。

　「音楽の変化を感じ取っているね」(p.89)の実践を少し変化させます。まずは音楽を鳴らしてそれに対応した動きをしてもらいます。

T　おっ!!　もう音楽に合わせて肩の上げ下げができているねー！

　電子オルガンなどを使って，途中でその曲のまま音色を変えます（はじめはピアノの音色，途中からトランペット）。この違いに気がついて動きを変えた子どもを探します。

T　あらっ!!　動きを変えている人がいるね！

　次は，トランペットからストリングスなどに変えます。ここでさらに頬上げに変える子どももいると思います。

T　おっ!!　さらに変えているね!!

　すべてが終わったら，

T　今日はずっと同じ曲だったのに，どうして体操を変えていけたの？

C　楽器が変わったー！

T　なるほど！　楽器が変わると何が変わるの？

C　おとーーー。

T　音楽では，「ね○○」って言い方するけどわかる？

C　あっ！　音色だ!!!

　もし体操の動きを誰も変えなかったら，「同じ曲だけど何か変化を感じたら体操を変えてみてね」と声かけすると誰かが気づくと思います。

それはやる気も聴く気もあるんだね

教　　材	拍&リズム活動ができる教材
使用場面	自由なリズムを体感するとき
タ イ プ	元気のよい子
ね ら い	自由なリズムから言葉がけを広げる

　ここではドラムサークルで活動します。ドラムサークルは，円になっていろいろな打楽器（主に民族楽器）を自由にたたいてアンサンブルを楽しむ活動です。そこで様々な言葉がけにもつなげていくことができます。打楽器に限らず，すずやカスタネット，タンブリンなど学校にすでにある楽器を使っても活動できますので，ぜひそれぞれの学校に合うスタイルで活動してみてください。

　まず，1人1つ何かの楽器を持って円をつくります。

T　まずは，それぞれの楽器を一回鳴らして音リレーしよう。せーの。

C　ドン→シャン→チーン→カン…

　1周回ったら，

T　1周回ったってことはみんながしっかり前の人の音を聴けていた証だね。

T　次は，基本の拍に合わせて4拍子で1小節分リズムをたたいてみよう。

T　せーの。

C　ドンドコドンドン…

T　おーできてきたね。じゃあ，その4拍子を一人ずつ基本の拍に合わせてみんな真似しよう。リズムがわからなかったら♩♩♩♩ ♪をやればいいよ。

　基本のリズムを刻むのは低めの太鼓でリズム感がよい子にやってもらうのがはじめはよいかと思います。

T　おーー1周回ったね!!

T　無事に前の人の音が聴けた人？（C　はーーい）

T　それは，やる気も聴く気もあるってことだね。

　楽器を打つ行為＝やる気，真似＝聴く気と価値づけしましょう。

63

みんな楽しい笑顔いっぱいだよ

教　材	おちゃらか（わらべうた）
使用場面	速度の変化を感じるとき
タイプ	引っ込み思案な子
ねらい	速度をきっかけに言葉がけを広げる

　子どもたちは音楽活動をするうえで，速度変化が大好きです。ゆっくりの速度になると身体全体でゆったり感を表現してくれます。また，早くなると身体いっぱいで大騒ぎです。速度の特徴を使って子どもたちへの言葉がけを大切にしましょう。

T　おちゃらか手遊びをやってみよう。
C　せっせっせーのよいよいよい　おちゃらかおちゃらかおちゃらか　ほい
　　おちゃらか〔かったよ　まけたよ　あいこで〕おちゃらかほい
　手遊びなどは視覚的に活動の様子が見えるので手遊びをしっかりやれている姿にも言葉がけをしましょう。ここからいろいろな速度で遊んでみます。
C　せっせっせーのよいよいよい　おちゃらかおちゃらかおちゃらか　ほい
　　（速度ゆっくり）おーーーちゃーーーらーーーか　かーーーーったよ
　　おーーーーちゃらかほい（速度早く）　おちゃらか…

　速度を早くするとたくさんの笑顔が見え始めます。
T　みんな楽しい笑顔がいっぱいだよ!!
T　ところでどうしてどんどん楽しく感じたんだろう？
C　はい!　どんどん速くなったから!!
T　えっ?　先生速くしていた？
C　してたよーーー!!
T　そっかーー!　気づいてくれてありがとう!!
　このように，どんどん音楽的な特徴〔共通事項〕を使って言葉がけを増やしていきましょう。

先生の旋律，変だった？

教　材	もみじ（高野辰之作詞・岡野貞一作曲）
使用場面	旋律から間違い探しをするとき
タイプ	元気な子
ねらい	旋律を知るうえで言葉がけを広げる

　教科書教材を使って「旋律」に焦点を当てて活動します。ここでも旋律を習得していくうえでいろいろな実践方法で言葉がけを考えていきましょう。

　「もみじ」を扱った例です。まずはクイズ形式で始めます。

T　先生が歌っている旋律はどっちでしょう？

T　あきのゆうひに　てるやまもみじ

　　こいもうすいも　かずある中に――（ここがポイント）

C　はい!!

T　おっ!!　なんか手を挙げたタイミングが旋律わかっている感じしたなー。

　　まだ，わかった人が少ないからもう一回行くよー。

　活動の中で自然に「旋律」という言葉を使えるように工夫しましょう。

T　わかった？

C　はい！　アルト!!

T　正解一！　じゃあ次はソプラノね。

　ここでソプラノの旋律も慣れていきましょう。

T　みんなソプラノの旋律で先生が歌ってみるから，変なところがあったら

　　教えてね。

T　あきのゆうひに　てるやまもみじ

　　こい♪もうすいも

C　はい!!　こいのところ!!

T　えっ！　先生の旋律，変だった？　どんなふうに？

C　なんか音が上がっていたよ！

65
どうしてそんなちっちゃくなっているの？

教　　材	アルプス一万尺（アメリカ民謡）
使用場面	強弱の変化を感じるとき
タイプ	活発な子
ねらい	強弱をきっかけに言葉がけを広げる

　強弱を学ぶときに有効な一つの手段が，身体表現を使うことです。子どもたちは音の強弱に合わせて，自然と身振りを変えてくれたりします。その姿を大切に，活動をアクティブにしていきましょう。子どもたちの動きに目を向けると，言葉がけポイントがたくさん生まれてきますよ。

　「アルプス一万尺」を用いた例です。

T　まずは前を向いてアルプス一万尺を先生とやっているつもりでやろう。

　いろいろな子どもたちを教師は回ってしっかり活動に向かっていることに「手が動いているよ」「しっかり覚えているね」などの言葉がけをしましょう。

T　みんなしっかりできているから次はお友達とやってみるよ！

　直接手をタッチできない場合は，エアーでもよいかと思います。

C　アルプス一万尺　こやりのうーえで

　　アルペン踊りを　さあおどりましょう

T　みんなばっちりできているから友達とやってみよう！

　はじめは mf くらいの強さでやってみましょう。そこから音をどんどん強くしていった後弱くしていきます。指を一本にしてやっている子どもや，体を縮めて活動している子どもが出てくるのでその様子を大切にしましょう。

T　みんなどうしてそんなにちっちゃくなっているの？（どうして一本指でやっているの？）

C　だって音が小さくなったからー!!

T　おーーー！　音の強弱もしっかり聴けているんだね！

　子どもから音楽的な言葉が生まれてくる言葉がけを心がけましょう。

流れの中でタイミングばっちり

教　　材	犬のおまわりさん（佐藤義美作詞・大中恩作曲）
使用場面	タイミング探しからフレーズを知るとき
タ イ プ	すべての子ども
ね ら い	フレーズをきっかけに言葉がけを広げる

　拍の流れやフレーズを感じるときの手段として有効だと感じる言葉がけが「タイミング」です。低学年になればなるほど，「まとまり」といった言葉でもピンと来ない子どもがいます。まずは，体験を通して学んでほしいときに「区切りのよいタイミング」という言葉から活動を広げていき，前向きな言葉がけにもつなげていきましょう。

　「犬のおまわりさん」を用いた例です。

T　みんな！　この曲でまずは拍に合わせて足踏みできる？

C　できるーー！

T　よし！　やってみよう‼

C　まいごのまいごのこねこさん　あなたのおうちはどこですか…

T　わーー！　しっかり拍に合っているね‼

T　これだったら，「犬のおまわりさん」席替え遊びをやってみよう！

　ルールは次の通りです。これらの活動でばっちりのタイミングでタッチできている子どもがきっと出てきます。

①　「犬のおまわりさん」で区切りのよいタイミングで手拍子をする

②　誰か一人が拍に合わせて歩き，区切りのよい場所で友達の肩にタッチ

③　タッチされたら歩く人がチェンジして次の区切りで別の友達をタッチ

④　しっかり歌えている子どもを歩く方に増やしたりして活動を広げる

T　わーー‼　〇〇君，曲の流れの中でタイミングばっちりでタッチできているよ！

　前向きな活動から「フレーズ」（音楽のまとまり）という言葉にもつなげていきましょう。

おっ!!　音の距離がわかってきたね

教　材	ハンドサインを用いた教材
使用場面	音程を理解するとき
タイプ	すべての子ども
ねらい	音程をきっかけに言葉がけを広げる

　ここでは，コダーイメソッドを使ったハンドサインで言葉がけを広げていきます。このメソッドでは，音によって手のサインが決まっており視覚的に音の違いがわかるとともに内唱の力も育っていきます。その活動でも子どもたちに前向きな言葉がけをしていきましょう。

ド　　レ　　ミ　　ファ　　ソ　　ラ　　シ　　ド

T　みんな，音と音の距離に単位があるの知っている？

C　知らないー！

T　なんと「度」っていうんだよ。温度みたいだね。

T　数え方も簡単！　そのまま数えるだけ。ドからミはド（1）レ（2）ミ（3）で3度。では，問題！　ドの5度上は？

C　んーーー!?　ソ？

T　正解ー。

T　じゃあこれ歌える？（ドのハンドサインを出す）

C　ドーーーー

　この後レミを経て「ファ」まで上がりましょう。

T　何度上がった？（C　4度！）

T　おっ!!　音の距離がわかってきたね!!

68

最後の音でつられていないのすごい

教　材	翼をください（山上路夫作詞・村井邦彦作曲，加賀清孝編曲）
使用場面	音の重なりを体感するとき
タイプ	すべての子ども
ねらい	音の重なりをきっかけに言葉がけを広げる

　音の重なりを感じるうえで大切なのは，それぞれの音を伸ばしてみることです。伸ばすことによって音の重なりを感じ取れるようになり，次第に心地よい空間も味わえるようになってきます。

　その体験の中でも，様々な言葉がけが生まれてきます。ぜひ，音楽の心地よさとともに，前向きな言葉を子どもたちにかけていきましょう。

　「翼をください」を用いた例です。まず，ソプラノ，アルトをそれぞれ歌えるようにします。次に，教師一人がアルトで子どもたちがソプラノなど違うパートに慣れます。バランスが悪いことに子どもたちが気づけるよう言葉をかけていきます。

　そして，子どもたちの中で，アルトを助けてくれる子どもを募ります。様々な人数で形態を変えてハーモニーに慣れます。

　ソプラノ，アルトを分け，

T　じゃあ，みんなこの曲で最後まで行ったらずっと伸ばせる？
C　オッケーーー！

　「翼をください」を歌います。最後の音は，ソプラノが「♭シ」，アルトが「レ」です。

T　先生，ちょっとみんなのところ回るね。
T　わーー!!　最後の音でつられていないのすごい！
T　今，ハーモニーが気持ちよかった人いる？
C　はい!!!

　最後の小節だけを少人数でやるのもよいかと思います。

同じ音楽なのに動きを変えられているね

教　　材	かえるのうた（岡本敏明訳詞・ドイツ民謡）
使用場面	転調を感じるとき
タイプ	すべての子ども
ねらい	転調をきっかけに言葉がけを広げる

　「調」の学習をするときに私は，「かえるのうた」を常時活動などで使います。それぞれの開始音で曲が成り立つことを音楽では「調」と言うことを伝え，その調が転ぶように変わることを「転調」と伝えます。その特徴から言葉がけを広げていきましょう。

　中学年では，

T　じゃあ，「かえるのうた」の拍に合わせて動いてみよう！

　途中，速度なども変えて楽しみながらやりましょう。その中でいろいろな高さで「かえるのうた」を演奏します。ピアノが苦手な先生は歌ってもよいかと思います。

　どんどん低くすると寝そべる子どもも出てきます。

T　みんな，どうして動きを変えているの？

C　だって，音の高さが変わっているよ‼

T　なるほど，だから同じ音楽でも動きが変えられているんだね！

　高学年で，リトミック的な活動が難しくなった場合は，「おっ‼　音の距離がわかってきたね」（p.98）で紹介したハンドサインと歌声で活動します。

T　みんな「かえるのうた」に合わせてハンドサインしてみよう。

　開始音をいろいろ変えます。

T　どうしてハンドサインのスタートの位置を変えているの？

C　音の高さが変わっているから！

変な和音に気づいているね

教　　材	静かにねむれ（スティーブン・フォスター作曲）
使用場面	和音の違和感を覚えるとき
タ イ プ	すべての子ども
ね ら い	和音をきっかけに言葉がけを広げる

高学年になると「和音」の学習が始まります。学習のやり方を少し工夫すると、ここでもいろいろな言葉がけが広がっていきます。和音を学びながら言葉がけも考えていきましょう。

「静かにねむれ」を用いた例です。

まず、通常の和音で聴き、次に通常の和音で歌います。その後、Ⅰ・Ⅳ・Ⅴの和音のひびきを知り、Ⅰ・Ⅳ・Ⅴの和音当てクイズを行います。

和音によって身振りを決めてジェスチャーします。視覚的に活動の様子が見えるのでここでも「和音に向き合えているね！」などの言葉がけが広がります。

歌いながら、違う和音を入れておかしいと思ったら起立します。

T　みんな！　これから、和音にのせて歌ってほしいんだけど先生の和音が変なときがあったらそのときだけ立って歌ってみてね。

C　オッケー!!

Ⅳの和音のときに、Ⅴをやるとかなり違和感が生まれて子どもたちが違いをつかみやすいと思います。

変な和音に気づいた子どもたちが立ち上がるのを見たら、

T　おっ!!　変な和音に気づいているね！　しっかり聴けている証だね。

遊びの中で言葉がけを広げて和音にも慣れていきましょう。

71

先生の拍がおかしくなったら手を挙げてね

教　　材	かたつむり（文部省唱歌）
使用場面	リズム活動
タ イ プ	すべての子ども
ね ら い	画面越しでも拍の変化を見取る

　ここからはオンライン授業での言葉がけを紹介します。オンラインの特徴を少し整理してみましょう。下記がまずは特徴でしょうか。これらを念頭に置いたうえでオンライン授業での言葉がけも考えていきましょう。

・顔が見える

・チャットによる交流ができる

・画面の共有ができる

・音声の ON ／ OFF ができる

・音声にタイムラグがある

・基本的にそれぞれの環境は一人の空間

・ネットワークがポイントとなる

　「かたつむり」を用いた例です。

T　みんな！　聴こえる？　聴こえる人はグッドマークしてみて！

　このように聞こえているかも少し確認しましょう。基本的に授業はミュートにします（ミュートでなければ音が取られてしまいます）。

T　じゃあ，今から先生が歌う曲に合わせて拍をたたいてみてね。

T　でんでん　むしむし　かたつむり…

C　パン，パン，パン，パン…（実際は全員ミュートなので画面で判断）

T　みんな，しっかり拍をたたけているね‼

T　じゃあ今度は，先生の拍がおかしくなったら手を挙げてくれるかな？

　ここで，拍から途中歌のリズムに変えたりしてみましょう。この活動はオンラインでも有効です。しっかり手が挙がれば「拍がわかっている証だね」と言葉がけを広げましょう。

72

口の形で歌っているのが伝わってきたよ

教　　材	夕やけこやけ（中村雨紅作詞・草川信作曲）
使用場面	歌唱活動
タ イ プ	頑張り屋な子
ね ら い	口の形から歌声に価値づけする

　顔が見える特徴を生かして歌唱活動での口の形でも言葉がけを広げていきましょう。基本的にミュートのため，こちらに音が聴こえません。そこで，こちらに伝わってくる情報を最大限生かして言葉がけをしていきましょう。

　「夕やけこやけ」を用いた例です。

T　まずは，旋律を聴いてみてね！

　私はピアノで旋律を弾きます。歌詞がないため音自体に耳が向きやすくなるからです。

T　じゃあ，この旋律の音の高さに合わせて手を動かせるかな？

　音の高さに合わせて子どもたちは手を動かします。しっかり手の動きが見える子どもたちには「手の動きからみんなの『やってみよう心』が見えるよ」と言葉がけをしましょう。

T　じゃあ，この曲を教科書から探してみよう。

　このときに教師は，歌いながら支援しましょう。

T　見つかったかな？　何ページか言ってくれる人？

C　（ミュートを外す）はい！　〇ページ。

T　ありがとう‼　じゃあそのページを開いて歌おう‼

　「夕やけこやけ」を歌います。

T　あっ‼　〇〇くんがしっかり言葉が言えているのがわかるよ！　ミュートでもわかる理由を探してみて‼

C　わかった‼　口の形だ！

T　そう！　口の形で歌っているのが伝わってきたね！

画面に手が出ているのはやる気

教　　材	ずいずいずっころばし（わらべうた）
使用場面	歌唱活動
タ イ プ	すべての子ども
ね ら い	ゲーム性を生かして前向きな心を伝える

　これまでもお伝えした通り，わらべうたは音域があまり広くないこともあり，とても歌いやすいものが多いです。しかもゲーム性に富んでいるものも多く，楽しみながら日本の歌に触れることができます。その楽しさを生かしてオンライン授業での言葉がけにつなげていきましょう。

　「ずいずいずっころばし」を用いた例です。

T　この曲知っている？

　教師が範唱します。

T　知っていた人は手を挙げてね!!

C　はい!!

T　よし！　じゃあ曲を覚えるためにゲームしながら歌おう！

　ルールは次の通りです。

① 全員片方の手を丸めて穴をつくるようにして画面に出す

② 次に歌いながら教師が，その穴に画面越しで指を入れている感覚で画面を指さしていく

③ 「いどのまわりで　おちゃわんかいたの　だーれ」で止まった人に次は指入れ役をやってもらう

　ここでは最も基本的な，画面に手を出してくれたときに「画面に手が出ているのはやる気だよ」と言葉がけをしましょう。その一言で活動が始まることでオンライン上での空間の雰囲気もとてもよくなっていきます。歌えるようになってきたら歌うのを，ミュートを外して誰かに手伝ってもらうのもよいかと思います。

オンライン　　　　　　　　　　　　　　　　　　　　　　　　　中学年

みんな，指がしっかり変化しているよ

教　　材	あしたてんきになあれ（わらべうた）
使用場面	器楽活動
タ イ プ	すべての子ども
ね ら い	リコーダーの運指から響きを想像させる

　わらべうたは，器楽活動でも大活躍です。リコーダーは，大人が想像する以上に，苦手意識をもっている子どもが多く存在するように感じています。どうして吹けるようになってきているのにそのように感じるのでしょう。

　それは，器楽のページでも伝えましたが自分自身での成功体験が積み重ねられていない子どもが多いからだと思います。苦労してなんとかできるようになったけど，「できなかった」「難しかった」といった印象の方がどうしても強く残ってしまう子が多いのだと思います。そこで，わらべうたなどの音域のせまい教材を使ってリコーダーの成功体験を積み重ねていきましょう。

「あしたてんきになあれ」を用いた例です。

T　まずは歌ってみよう!!

C　あーした天気にしておくれー

T　歌えた人は音符で歌える？　はじめの音は「ラ」だよ!

　　再び演奏します。

T　音符がわかった人はチャットに書いてみようか!!

　　けっこうたくさん書いてくれると思います。

T　じゃあ，それをリコーダーでやってみよう。

T　ちょっと練習してみてごらん。

C　先生，ソの指がわかりません。

T　誰か，指番号書ける？→C　0123!

T　おーーありがとう!!

T　じゃあ，やってみよう!　せーの（演奏する）。みんな，指がしっかり
　　変化しているよ!

75
もう先生と手が合ってきた人がいる

教　　材	茶つみ（文部省唱歌）
使用場面	歌唱活動
タ イ プ	すべての子ども
ね ら い	手遊びを活用して身体的行動に価値づけする

　共通教材の中には，手遊びを伴って行える教材もあります。「茶つみ」はまさにその代表ですね。歌唱活動をしながらこの教材のもつテンポ感のよさを生かし，手遊びを使って言葉がけを広げていきましょう。

T　この曲なーんだ？
T　なつもちかづく　はちじゅうはちや…
C　「茶つみ」ーーー。
T　何ページ？
C　〇ページ!!
T　そうそう！　見つけるの早いなー!!
T　見つけた人から歌っていこうね！
C　なつもちかづく　はちじゅうはちや…
　このときに手遊びを入れ出した子どもがいたら，すかさず声をかけましょう。
T　あら？　〇〇さん，どうして手を動かしているの？
C　だって教科書に手遊び書いているよ!!
T　よく見ているねーー。じゃあ手遊びも入れていこう！

　教科書にどんなふうに手遊びがかいてあるか聞いてみて，チャットに書いてもらったりできるのもオンラインの特色かもしれませんね。
T　（手遊びを入れて）なつもちかづく　はちじゅうはちや…
T　わーー!!　もう先生と手が合ってきた人がいるよ!!
　視覚的にわかる事実から前向きな言葉がけをしていきましょう。

違いを感じ取っている意見だね

教　　材	白鳥，ライオンの行進（サン＝サーンス作曲「動物の謝肉祭」より）
使用場面	鑑賞活動
タ イ プ	すべての子ども
ね ら い	しっかり聴けている事実をつくる

　オンラインの特徴の一つとして，授業を受けている環境では一人でいることが多いと思います（自分のお部屋など）。それは，鑑賞活動においては落ち着いて聴くことができる環境かもしれません。

　その観点から見るとこれから紹介する2曲は，その教材そのものに強い魅力があると感じます。そこで，それぞれの曲のよさをしっかり味わい，鑑賞を深めていく中で言葉がけを広げていきたいと思います。

　「白鳥」を用いた例です。

T　どんな雰囲気でどんな楽器が聴こえるか聴いてみてね！

C　ピアノが聴こえた！

C　なんか弦楽器!!

C　チェロ？　ヴァイオリン？

C　なんか落ち着くーー。（このような意見もとても大切）

　次は，「ライオンの行進」を流します。

T　どんな雰囲気でどんな楽器が聴こえるか聴いてみてね！

　同じ発問から子どもたちの意見の違いを比較しましょう。

C　なんか強そう!!

C　リズムが重たい!!

C　なんか好きー!!（この感覚も音楽において大切）

T　みんな，気づいた？　先生の質問はどちらの曲も同じだったんだよ!!
　しっかり音楽の違いを感じ取っている意見だったね。

77

音色を意識して探したのが伝わるよ

教　　材	祝典序曲（ディミトリー・ショスタコーヴィチ作曲）
使用場面	音楽づくり活動＋鑑賞
タイプ	すべての子ども
ねらい	音色の違いを楽しむようにする

　これまでに様々な楽器や音色，音高を学んできたところでこのようなオーケストラの教材を学ぶと，子どもたちは様々な発見や音楽の面白さに気づいていけると思います。個性のある楽器が重なり合えるオーケストラの魅力を生かして言葉がけを考えていきましょう。

T　みんなー!!　家にあるどんなものでもいいから面白い音が出そうなものを発見してきて。戻ってきたらそれは見えないようにしていてね!!　制限時間は5分。見つからなくても5分で戻ってきてね。
　オンラインだからできることを生かしていきましょう。
T　5分終了ー。見つかった人！
C　はーーい。
T　これから，音あてクイズね。何の音か？＆どんな感じがしたか？　どっちを答えても大丈夫。じゃあ〇〇君，ミュートを外して見えないように鳴らしてみて。
T　（〇〇君が音を鳴らした後）みんなーチャットで答えてね!!
　チャットを使うと同じタイミングでみんなの意見が可視化されるのでとても便利な機能です。またこのように何人も続けていきましょう。いろいろ面白いものが登場して音色の違いを楽しめます。これらの音色を数名で合わせて鳴らしたり，リレーしたりしてみても面白い音楽ができると思います。

T　みんなが音色を意識して探したのが伝わるよ！　じゃあ，たくさんの楽器が使われているオーケストラの曲を聴いてみよう。
　「祝典序曲」を流します。音色に着目して言葉がけを広げましょう。

オンライン　　　　　　　　　　　　　　　　　　　高学年

同じ響きになっている人はミュートを取ろう

教　材	BELIEVE（杉本竜一作詞・作曲）
使用場面	歌唱活動
タイプ	全力で頑張る子
ねらい	高音で響きをそろえる

　オンラインで，今の技術でどうしても受け入れないといけないことが「タイムラグ」です。合唱にとってタイムラグは一見致命的のように感じます。しかし，みんなで一斉に歌うのが難しいだけであって，歌唱活動ができないわけではありません。オンラインの特性を受け入れたうえで，できることから始めて言葉がけも広げていきましょう。

　「BELIEVE」を用いた例です。このように誰もがよく知っている曲は画面上で突然歌い始めてみるのもいいかもしれません。

T　おっ!!　すでに歌ってくれている人がいる気がするよ！

T　だって，口が動いているもん。歌ってくれていた人？

C　はい!!

T　さすがだねーー。じゃあ，改めて歌ってみようね！

　「口の形で歌っているのが伝わってきたよ」（p.103）で使った口の形での言葉がけもたくさん使いましょう。

T　一番歌えるようになってきた人！（C　はい!!）

T　最後の「I believe in future」の「fu」の部分で伸ばしてみよう。ここで先生と響きが同じになったと思ったらミュートを外してね。

　サビの部分から始めて，提示の場所で伸ばしましょう。

T　fu－－－－－－－－－－－－（C　fu－－－－－－－－－－－－）

T　〇〇君，響きがそろっているよ!!

　一音だけを伸ばす活動は，息の切れ目でいろいろな子どもの声を拾ってくれるので，言葉がけのチャンスとしてもオンラインで有効に活動できます。

気づいたこと何でも書いてね

教　　材	待ちぼうけ（北原白秋作詞・山田耕筰作曲）
使用場面	鑑賞活動
タイプ	すべての子ども
ねらい	しっかり聴き取っていることに価値づけする

　鑑賞教材においては，子どもたちがその教材に興味をもち音楽の楽しみ方を増やすことと同時に，思考を深めてほしいと感じます。その際，子どもたちへの言葉がけ次第で活動の雰囲気が大きく変わってきます。教材の特徴を生かして活動を広げて言葉がけを考えていきましょう。

　「待ちぼうけ」を用いた例です。

T　この曲を聴いて気づいたこと何でも書いてみてね！　ちなみに題名と感じた言葉が合ったら真ん中に書いてね!!

T　待ちぼうけ　待ちぼうけ　ある日せっせと…

　私は，ウェビングなどの思考ツールを使って自由に聴き取っていくようにしています（画面はロイロノート・スクールより）。

T　気づけたことあるかな？

C　もう一回聴きたい!!

T　よーーし。それはやる気の証だ!!

　子どもの声からもう一回聴くなどの活動へつなげていきます。

T　待ちぼうけ　待ちぼうけ…

T　よし，じゃあどんな言葉が聞こえたか教えてね！

C　待ちぼうけ　C　ある日せっせと　C　うさぎ…

T　みんな，ここで意見が言えるってしっかり聴けている証だよ！

　この言葉がけから自由に活動できる雰囲気をつくり，子どもたちが自然に意見が言い合える空間へ広げていきましょう!!

80

しっかり音感がついてきたね

教　材	ふるさと（髙野辰之作詞・岡野貞一作詞）
使用場面	歌唱活動
タイプ	すべての子ども
ねらい	画面を通してハーモニーを体感するようにする

　オンラインでは合唱ができないというイメージが強いかと思います。確かに全員で同時に合唱は難しいですが，ハーモニーを味わう方法があります。それは一人以外全員がミュートにして，その一人の声が聴こえる人と音を重ねるやり方です。

　この特徴を使うと，オンラインでもしっかりハーモニーを感じ取ることができます。ぜひこの方法でハーモニーも味わいながら前向きな言葉をかけていきましょう。

　「ふるさと」を用いた例です。まず，「ふるさと」を聴きます。次に，「ふるさと」のメロディーを手拍子で歌います。これも視覚的にリズムが合っているかわかります。

　そして，どこからハモリが始まるか聞きます。この答えをチャットなどで書いてもらいましょう。他に楽譜から発見したことも書いてもらいます。

　自然に音楽的な記号なども発見してくれます。このようなプロセスを経て音の重なりに進んでいきましょう。

　ソプラノ，アルトの音取りが終わった時点で，

T　みんな，「うさぎおいし　かのやま」の「ま」でソプラノ伸ばしてね。
　　先生はアルトやるね。

C　うさぎおいし　かのやま―――――――

T　先生とハーモニー感じた人？

C　はい!!

T　しっかり音感がついてきたね!!

　ここでは子ども自身がハーモニーを感じた事実に価値を感じましょう。

音楽室に来てくれてありがとう

教　　材	どんな教材でも
使用場面	授業に向き合えないとき
タイプ	授業に前向きになれない子
ねらい	向上心をしっかりもっていることに価値づけする

　このカテゴリー（困った場面）を入れたのは，学校の現場では活動に向き合いにくい子どもたちに困っている先生も多いかと感じたからです。そのようなとき，きっと先生も子ども自身も困ってしまう状況であると思います。そこで，基本に戻って言葉がけをしていきましょう。

T　じゃあ，みんなで〇〇をやってみよう‼

　歌唱，リズム活動，手遊び歌などたくさんの子どもが取り組んでいます。その中で何もやっていない子どもがいた場合は，教師が前にいなくてもできる実践を行います（音源を流して全員で歌うなど）。そうすると，教師の行動が自由になり一人ひとりへ言葉がけができるようになります。

T　（歩きながら一人ひとりに声をかける）しっかり声が聞こえているよ。
　　わー！　もう歌えているんだね。

　ここでは全員に声をかけている印象をつくりましょう。活動に向き合えない子どもだけに行ってしまうと注意に見えてしまい逆効果です。

T　（気になる子どもに）まだ，歌えなくて大丈夫！　まずは音楽室に来てくれてありがとう。音楽室に来てくれているんだからしっかりやる気をもってるよ。だから少しずつで大丈夫だからね。無理しないでね。

　ここでは本人だけ聞こえるようにささやくように伝えましょう。

　このような地道な言葉がけが，未来を変えていけるチャンスとなっていきます。その瞬間だけを見て注意的な言葉がけをせず，長い時間をかけて変化が見えるように，できている部分に言葉をかけていきましょう。

　NG ワード：説教的な言葉

教科書を持てているよ

教　　材	どんな教材でも
使用場面	授業に向き合えないとき
タ イ プ	やんちゃな子
ね ら い	向上心をしっかりもっていることに価値づけする

　教科書を持つという行為も，実は前向きな言葉がけのチャンスです。子どもたちを観察してみると，教科書一つにしても持たずに適当に活動している子どもたちがいる場合があります。しかし，もう覚えているからこそ持たずに活動している子どももいるので言葉がけには細心の注意が必要です。

　その中で，持たずに適当にしている子どもがいた場合，逆に考えるとしっかり持って活動していることは大きな一歩ということになります。そこで，この教科書を持つという普通に見える作業からも言葉がけが広がっていきます。ぜひ，この行為から言葉がけを考えていきましょう。

　まず，使いたいページのヒントを伝えて子どもたちが教科書を開きます。まだわからない場合はヒントを足します。例えば，合奏のページだと「〇〇の楽器が関係している」「〇個の楽器が出てくる」などクイズ形式でページを探していきます。こうしているうちに少しずつ教科書を出し始めてくれたりします。ここが大きなチャンスです。

T　みんなー，周りを見てみて！　みんな教科書を持てているよ。これってもう授業に向き合えている証だと先生は感じるんだ。

T　まだまだヒントいくよ。曲の長さは2ページ。

　このようにアプローチを広げていきます。この探している間は教師が自由に動けるので，まだ教科書も出していない子どもには近くに行って「まずは教科書を出すだけで大丈夫だからね」と言葉をかけます。

　その後，出したときはその変化にしっかり価値づけしましょう。しかし，状況によっては，あまりみんなの前では言葉がけしない方がよい場合もあるので，その子の様子をしっかり見て言葉がけしましょう。

83

一瞬，顔が上がったよね

教　　材	どんな教材でも
使用場面	授業に向き合えないとき
タ イ プ	無気力な子
ね ら い	向上心をしっかりもっていることに価値づけする

　授業に前向きになりにくい子どもたちによくあるのは，度重なる注意の積み重ねです。そのような子どもは，いろいろな場所でたくさんの注意を受けている可能性がとても高いです。きっとどの注意も必要な注意ではあると思いますが，自分のだめな部分を言われ続けると大人でも自己肯定感が下がってしまい何事に対しても意欲が湧かなくなってしまいます。

　そのような子どもたちには，ちょっとした変化による成長を伝えるのがとても大切です。しかし，そのような子どもが見せてくれる成長の瞬間はほんの一瞬であることが多いです。そこで，よく子どもたちの姿を見ていなければチャンスは流れてしまいます。ここでは，我々教師は「教育のプロ」と自分に暗示をかけてこのミッションに果敢に向かっていきましょう。

　みんなで合唱する時間に，

T　よーーし。この曲を歌おうね！

　ここで歌っている間，何もしていない子どもがいます。

T　次は，一人ひとりの声を聴きたいから，ピアノなしでみんなの声だけでやってみよう。

　ここではよく声が出ている子どもにも声かけをしながら，気になる子どもをいつも視野に入れておきましょう。そこで，一瞬でも変化した様子が見えたらその様子をしっかり情報としてストックしておきます。

T　〇〇くん，さっき顔一瞬上がったよね。

T　先生にとっては，あれは大きなやる気の一歩に見えたからその心を大切にしてね。

自分で席に戻れたね

教　　材	どんな教材でも
使用場面	授業に向き合えないとき
タ イ プ	落ち着きがない子
ね ら い	変化しようとしている心に価値づけする

　授業に向きにくい子の特徴に席から離れてしまうといった行動があるかと思います。そのような子どもを授業で見かけてしまうと，どうしても悪い意味で目立ってしまいます。きっとその瞬間に声をかけてしまうと毎時間注意ばかりで終わってしまうのではないでしょうか。

　しかし，少し時間をかけて観察してみると子どもたちは意外な行動に出ることが多いです。私は，基本的にはしっかり席についてくれている子どもたちを主役と題して座れない子は待つようにしています。そうすると，徐々にその活動が楽しそうに見えるのか自然に戻ってくれ始めます。そこですかさず「おっ!!　〇〇さん，しっかり自分から席に戻れたね」と声をかけます。その瞬間，不思議と伝えた私もその子の頑張ったプロセスに達成感を味わうことができました。

　教師になりたてのS先生とお話ししていた中でとても素敵なお話がありました。それは，少し落ち着きにくい子どもの様子についての話だったのですが，「〇〇さんは，よく話してみるとしっかり話を聞けているし，人を否定しないんです」と教えてくれました。一見，見た目では，注意ばかりが浮かんでしまうイメージの子どもだったのですが，教師になりたての先生がそのように子どもを見ることができる視点がとても素敵だなと感じました。

　また，別の子どもに対しても「〇〇さんは，なかなか活動が難しいときに少し待っていると，自分のペースでしっかり席につくことができるんです」とも話してくれました。教師がどのように子どもを見るかで子どもにかける言葉が変わってくることを改めて感じました。

それぞれに成長があるんだね

教　材	どんな教材でも
使用場面	友達同士で指摘が強いとき
タ イ プ	できない子が許せない子
ね ら い	人それぞれに成長段階があることを共有する

　授業を進めていく中で感じることが，集団で学んでいく空間で子どもによって成長のスピードが違うことです。それは人が違うので当たり前のことですが，学校教育において子どもたち自身がそれぞれに成長段階があることを認識し，認め合える文化を構築することがとても重要になってきます。

　そのためにも日々の実践の中で絶えずアプローチしていくことが大切です。例えば1年生でどうしても席に座れない子がいたとします。「自分で席に戻れたね」(p.115)の実践を軸に考えてみましょう。

C　先生!!　〇〇君が座っていません。

T　みんな!　音楽室に来てすぐに座れるのって難しいことなんだよ。みんなはできているけど，〇〇君は，今それに挑戦中。だから自分から戻れたらみんなで祝福しようね!!

C　わかったー!!

　このようなときに子どもの素直さに感動します。

T　座れているみんなは，どんどん活動していくよー!!

C　(突然パチパチ)先生!!　〇〇君が座れているよ!!

T　わーーー!!　ほんとだ!!　教えてくれてありがとう。やっぱり，人それぞれに成長があるんだね。

　子ども同士でそれぞれの成長を共有し，少しずつ積み重ねていくと，人の見え方が変わってきます。成長を喜び合える空間づくりを目指しましょう。

NG ワード「〇〇君，座りなさい!」

友達を誘ってくれてありがとう

教　材	どんな教材でも
使用場面	ペア活動
タイプ	仲間をつくりづらい子
ねらい	他者を見ることができる優しさをもつようにする

　様々な授業でペア活動をすることがありますが，音楽が他教科と多少違うのが「楽しみながら」といった精神的な部分が関係してくる実践もたくさんあることだと感じます。そこで，一人ぼっちの子が出てきたり，ペアをつくれない子が出てきたりします。その中で大切にしたいのが友達からの言葉がけです。自分から声をかけることが苦手な子どもは特に，ペア活動に苦手意識をもちます。そこで，得意な子どもたちが困っている友達に言葉をかけてくれる文化が構築されていると，ペア活動がとても実施しやすくなります。

　「おちゃらか」を用いた例です。

T　じゃあ，ペアで活動してみよう。

　「私はご近所さんとやってみよう！」などの言葉がけをします。この間，前奏を弾き続けています。

T　なかなか前奏が終わらないねー。どうしてだろう？

C　!?

T　誰か気づく人はいないかなー？

　前奏が続きます。

C　あっ!!　○○君一緒にやろう!!

T　ドーミーソードー（放送案内のピンポンパンポーン的）

T　○組の皆様にお知らせです。ただいま，A君はすでにペアになっていたにもかかわらず，○○君をさらに誘ってくれました。以上，素敵な報告です。

　このように少し楽しく伝えます。そして最後に「友達を誘ってくれてありがとう!!」と言葉がけをします。

一音にとどまっておくのって難しい

教　　材	どんな教材でも（特に器楽）
使用場面	ふざけるとき
タイプ	ふざける子
ねらい	みんなで空間を変えていく

　合奏などの活動で，ふざけてしまう子どもがいるとわざと変な音を出したりします。これはわざとやっていることなので「しっかり吹きなさい！」などと言っても効果はまったくありません。そこで，言葉がけを考える必要があります。ここで紹介する例は，ただ一音だけ伸ばす場面でサイレンのような音が聴こえてきたときです。

　ある合奏の最中高い「レ」音だけ伸ばす場面で，

C　シーソーシーソー…

T　なるほど‼　もう一回やってみよう。

C　シーソーシーソー…

T　そうだよね‼　一音にとどまっておくことって難しいよね‼

T　ちなみに一音になっていないのがわかる人いる？

　半分くらいは手を挙げてくれます。

T　よかった‼　じゃあそのわかっている人たち，席を移動してよいからピーポーになっている人に教えてあげて‼

　こうなると，教師もその子どもたちに近づいていきやすくなります。

T　一音にとどまるのって難しいからしっかりアドバイスしてあげてね。

T　じゃあ，もう一回。

T　せーの。（わかっていない子が少し減る）

T　おっ！　あと少し‼　教えてあげて‼　せーの。

C　レーーーー

T　クラスみんなの協力で成功したよ‼

　友達同士の力はやはり偉大ですね‼

　気を長くもち，感情的にならないことが大切です。

88

〇〇君，舌痛い？

教　材	どんな教材でも
使用場面	授業に向き合えないとき
タイプ	反抗的な子
ねらい	教師は敵ではなく味方ということに気づくようにする

　この言葉がけが生まれたのは，私の授業である子どもが舌打ちをしていたときのことです。「舌打ちが聞こえるな」と思っていた中で，どう接すると伝わるかを考えていました。きっと何か気に入らないので，普通に言葉をかけたらきっと，ますます舌打ちをするだろうと感じました。そこで，その子の味方になれる言葉がけをしようと考えました。

C　（ツッツッツ…）

　ここでは，まだ様子をうかがいます。

T　じゃあ，リコーダーのこの部分を１分間練習ね！

　このように少しフリーな時間をつくります。また，言葉がけが目立たないのもポイントです。

C　（ツッツッツ…）

T　〇〇君！　もしかして舌痛い？

C　えっ？　痛くありません!!

T　よかった。さっきからツッツと言っているから舌が痛いのかと思ったよ。

C　…。

T　きっとツッツもなくなってくるよ。よかったよかった（味方発言）。

　この後，この子どもは舌打ちをやめて活動に入りました。自分の想像と違う展開になったからでしょう。「舌打ちをやめなさい！」「先生を馬鹿にしているの？」など感情的になってしまっては子どもに変化は生まれなかったように思います。ぜひ，困ったときこそ味方発言を探してみてください。

困った場面 　　　　　　　　　　　　　　　　　　　　　　　　　全学年

一音だけで十分だよ

教　　　材	どんな教材でも
使用場面	器楽活動
タ イ プ	自己肯定感が低い子
ね ら い	前向きな心をもっていることに価値づけする

　なかなか活動に目が向かない子どもたちの中には，楽器を出すこともできない子がいるかと思います。そのような子どもにはスモールステップがとても大切です。そのスモールステップを認めていくことが次なる意欲につながっていきます。ぜひ，その考えを念頭において言葉がけをしていきましょう。ここではリコーダーを出すことから想定して言葉がけを考えていきます。

　リコーダー活動で，

T　よし。じゃあこの曲を吹いてみよう。

C　♪♪♪

　その中で何もしない子どもがいます。

T　(個別に)〇〇君，リコーダー出したくなったらで大丈夫だよ。

　その間，しっかり見ておきます。そして一瞬でも出したときを見逃さないようにしましょう。その一瞬を見つけたらすかさず言葉がけをしましょう。雰囲気によっては「〇〇君が自分からリコーダー出してくれたんだよ」とみんなに紹介するときもありますが，その子の特性に応じて個別で伝えたりもします。

T　吹けそうな音，一音で十分だからやりたくなったら吹いてごらん。

　ここまできたら，音を出したときのチャンスを見逃さないように視野に入れておきましょう。きっと小さなステップですが，変化していく瞬間に出会えると思います。それでも難しいときは，「音楽室に来てくれてありがとう」(p.112)の精神に戻って言葉がけを始めていきましょう。

NG ワード 「真面目にやりなさい!!」

このクラスって優しいね

教　　材	どんな教材でも
使用場面	授業に向き合えないとき
タイプ	クラスの中で気持ちに差がある子
ねらい	クラスという全体の優しさに価値づけする

　私は，専科の役割の一つは，各クラスのそれぞれに素敵な価値があるということを伝えることだと思っています。なぜなら，専科はたくさんのクラスを授業で受けもつからです。どんなクラスにも素敵な特徴があり，それを軸に自分たちのクラスに自信をもってほしいと思っています。そこでしっかりと特徴を見つけていきましょう。

　例えば，元気な歌声であふれていたら，

T　このクラスは，本当に元気のあるクラスだね!!　この元気は，みんなのクラスのよさだよ！

　身体活動などの後にすぐ自分の席に戻れるクラスには，

T　このクラスは心のコントロールがとっても上手なクラスだね。

などいろいろ特徴を見いだしていってみましょう。

　次は，優しいクラスでの握手を伴う実践です。

T　じゃあ，歌いながら5人と握手!!

C　わーーーーー

T　みんなのクラスってすごい!!　だって握手の後，泣いている人がいないもん。誰かが握手してくれなかったら，さみしいよね。みんな笑顔ってことはこのクラスって優しいクラスだね!!

T　じゃあ，まだまだ人数増やしてもいいかなー？

C　いいよーー!!　全員だって大丈夫!!

　このようになってきたら，クラスの中に温かい空気が生まれて音楽室いっぱいに優しさが広がっていきます。

NG ワード：クラスのダメ出し

今日も会えて嬉しいな

教　材	なし
使用場面	朝，子どもたちに会うとき
タイプ	すべての子ども
ねらい	子どもたちと小さな信頼関係を築く

　子どもたちとの関係を築くうえで大切なのが，授業外での時間です。ここでどれだけコミュニケーションをとれるかは，授業での子どもたちとの関係に大きくつながってきます。そこで，意識的に授業外でも子どもたちと関わる時間をつくるようにしましょう。授業外で前向きな言葉がけをする秘訣は，子どもがいてくれることにいつも「ありがとう」の気持ちをもつことだと感じています。私は，これまでにたくさんの元気を，子どもたちからもらってきました。だからこそ，子どもが元気で目の前にいてくれることにいつも嬉しくなります。子どもたちがいないと学校は成立しません。ぜひ目の前に子どもたちがいることを，当たり前と思わず接してみましょう。きっと様々な言葉が生まれてくると思います。

　このカテゴリー（授業外での場面）では，基本的に全学年と書いてありますがぜひ子どもとの関係性に応じて学年を決めてもらって大丈夫です。たくさんの言葉がけで子どもとの信頼関係を築いていきましょう。

C　いわいせんせーーーい。
C　あっ!!　岩井先生だ。
C　先生，ちょっと待っていて!!　（などなど）
T　おーーー!!　今日も〇〇さんに会えて嬉しいな!!

　子どもたちは，様々な場面で声をかけてくれます。特に低学年は少し廊下を歩くだけでたくさんの言葉をくれます。ぜひ，会えたことの喜びを伝えましょう。

NG ワード「いちいち声かけなくてもいいよ！」

授業外での場面　　　　　　　　　　　　　　　　　　　　全学年

挨拶してくれてありがとう

教　材	なし
使用場面	朝や帰りなど子どもたちに会うとき
タイプ	すべての子ども
ねらい	子どもたちと小さな信頼関係を築く

　朝の挨拶は，授業外において子どもたちと最もコミュニケーションが取りやすい方法です。子どもたちを含めて人と接するうえで挨拶以上に気持ちよく便利なものはないように感じています。なぜなら，話す内容などを考える必要がなく気持ちよくコミュニケーションをとれるルーツだからです。

　そこで一つポイントになるのは，子どもたちがいる場所に出向くことです。この行動をしなければ挨拶のチャンスが減ってしまいます。そこで，登校，下校，休み時間などに子どもたちがいる場所を探してみましょう。

　朝，昇降口にて，

T　おはよう!!

C　おはようございます!!

T　おーー!　挨拶してくれてありがとう。

C　せんせーーーい!!　おはよう!!

T　わーー!!　みんなの方から挨拶してくれてすっごく嬉しい!!

　低学年だとこの後「せんせーい!!」と声を出しながらハグをしに駆け寄ってくれたりもします。

　私の知っている英語のネイティブの先生は登校，下校で必ずすべての学年が通る場所で子どもを大きな挨拶で出迎え見送っています。その先生は学校でも大人気です。ぜひ，挨拶の特性を生かして言葉がけを考えていきましょう。挨拶ができる場へ行くと，それをきっかけに子どもと様々なシチュエーションが生まれてきます。同時に子どもたちへの言葉がけも広がっていくのでぜひ足を運んでみてください。

93

その気持ちがよい挨拶をずっと続けてね

教　　材	なし
使用場面	朝，子どもたちに会うとき
タ　イ　プ	精神的に成長してきた子
ね　ら　い	未来への期待をもつようにする

　「挨拶してくれてありがとう」（p.123）で挨拶について紹介しましたが，ここでの言葉がけとしては子どもたちの挨拶には大きな魅力があることを伝えていきたいです。子どもたちの挨拶の様子を観察してみると，年齢を重ねていくと挨拶が弱まっていく傾向が感じ取れます。それはいろいろな要因が考えられますが，やはり挨拶というものには大きな力があることを伝え続けることが大切だと感じます。

　毎朝音楽室に顔を出して挨拶してくれる女子に，

C　せんせーーーい!!　おはよーーー。

T　おーーーおはよう!!　３人の挨拶は本当にいつも気持ちいいなー！

C　そう？

T　本当に気持ちいいよ！　みんなが６年生になってもずっと続けてね！　挨拶は，君たちの大きな魅力の一つだよ!!

C　わかったー!!

　この女子は，当時５年生でした。私は５年生と６年生では大きな変化があると感じています。５年生のときにたくさんの言葉がけをしておくことはとても大切だと思います。

　元気な高学年男子に，

C　おっ!!　先生おはよう!!

T　おーおはよう!!　〇〇君たちはいつも元気だなーそんな元気な挨拶ができる高学年は少ないと思うよ！　その気持ちがよい挨拶ずっと続けてね。

　たくさんの子どもたちの気持ちのよい挨拶を認めていきましょう！

94

先生は，味方だよ

教　　材	なし
使用場面	学校生活において
タ イ プ	すべての子ども
ね ら い	子どもたちと小さな信頼関係を築く

　この言葉は，Part1でお伝えした通り小宮路敏先生から教えていただいた言葉です。この言葉を具体的にどのような場面で使うかを紹介します。

　実際，素敵な言葉であることがわかっても使い場所がなければなかなか生かすことができません。また，「味方」と言いたくなる場面でなければ使っても効果が薄くなってしまいます。使えるタイミングを念頭に置いておくと，様々な場所で使える場面が見えてきます。

　挨拶の場面で，

C　先生，おはよう!!

T　おはよう!　元気な挨拶ありがとう。先生いつも〇〇君の味方だよ!

　授業中に，

T　じゃあ，このリズムをたたいてみよう!!

C　んーーー難しいな!!

T　難しいって言えることが素敵!!　先生はみんなの応援団（味方）だから何回でもたたくね。じゃあもう一回聴いてみてね!

　一生懸命活動に取り組んでくれたときに，

C　♪♪♪

T　みんな。全力で取り組んでくれてありがとう!!　先生は頑張ってくれるみんなの味方だからね。

　「味方」は，意識していなかったらあまり使っていなかった言葉でした。しかし，自分（岩井）が小宮路先生から使っていただいたときに心から嬉しくなったのを覚えています。ぜひ子どもたちにも使ってみてください!!

95

みんなの笑顔から元気をもらっているよ

教　材	なし
使用場面	子どもと接する様々な場面
タ イ プ	教師に近づいてくれる子
ね ら い	子どもたちに感謝を伝える

　子どもたちは，毎日たくさんの笑顔を見せてくれます。子どもは１日に300回以上笑うそうです。それに比べて大人は15回と言われています（こんなに減ってしまうのは悲しいですね）。また，子どもが300回以上笑えてないとしたらそれは近くにいる大人の責任だそうです。

　これは過去に受けた音楽セミナーで学んだことです。科学的根拠があるかはわかりませんが，私は素敵な考え方だと思います。子どもたちが笑顔いっぱいになれる空間づくりを目指したいですし，見せてくれている笑顔には精一杯恩返ししたいと思っています。その恩返しの一つが言葉がけではないでしょうか。子どもたちの笑顔からもらったパワーをぜひ伝えていきましょう。

C　せーんせい！（ニコニコ）

　子どもはこれだけですでに笑ってくれています。

T　〇〇ちゃん。おはよう!!

C　今日の音楽楽しみだなー!!

T　ほんと？　そう思ってくれて嬉しいなー。

C　うん!!!（ニコニコ）

T　ありがとう！　先生は〇〇ちゃんの笑顔からいつも元気をもらっているよ！

　きっと笑顔に焦点を当てるとたくさんの言葉がけが生まれてきます。子どもたち一人ひとりの素敵な笑顔に焦点を当ててたくさんの言葉がけをしていきましょう。

授業外での場面　　　　　　　　　　　　　　　　　　　　全学年

先生も誘ってくれてありがとう

教　材	なし
使用場面	休み時間
タイプ	すべての子ども
ねらい	子どもたちに喜びを伝える

　休み時間に子どもたちのいる場所へ行くと，子どもたちがいろいろな声をかけてくれます。「あっ!!　岩井先生だー!!」などと駆け寄ってきてくれる子どももいます。このようなときは，やはり言葉がけのチャンスですね。

　特に休み時間は子どもと同じ立場で遊ぶことができます。言葉がけのチャンスがますます広がりますね。

　校庭にて，

C　あっ!!　岩井先生だー!!

T　おっ!!　〇〇ちゃん！　声かけてくれてありがとう！　今日も元気？

C　元気だよーーー!!

T　そっかー。よかった！　今何して遊んでいるの？

C　鬼ごっこ！

T　楽しいよね!!　先生も大好き。

C　先生も一緒にやろうよ!!

T　先生も入っていいの？

C　いいよーー。

T　嬉しいなー！　先生も誘ってくれてありがとう！

C　みんなーー!!　岩井先生も入ったよ！

　休み時間にはこんな素敵な光景がたくさん生まれてきます。ぜひ，休み時間を使って様々な言葉がけをしていきましょう。子どもたちにたくさんの「ありがとう」を伝えるチャンスですね。

テーマ「一生懸命考える」

教　　材	なし
使用場面	休み時間
タ イ プ	高学年の女子などの子
ね ら い	子どもたちと信頼関係を築く

　ここでの言葉がけは，一生懸命考えることを教師のテーマとして紹介します。高学年になると女子同士のトラブルは表面化しにくく，とても難しくなってきます。そこで，心のどこかで子どもたちとつながっておくことが大切です。そこでのポイントは，１年間の中でできるだけ早いうちに信頼関係を築くことを大切にしましょう。５・６年生で持ち上がれる場合は５年生のときから。６年生からもつ場合は４月，５月。女子の成長はとても早いので，思春期に入ってから信頼関係を築くのはとても大変です。

　そこで早い時期にたくさんの前向きな言葉がけをしておくことが大切です。信頼関係を築いていれば思春期に入ったときも困ったときに頼ってくれます。思春期に入ってから教師からむやみに近づくと嫌がられてしまうので，いざというときには子どもたちが頼ってきてくれる関係が重要です。

　私は，相談に来てくれたときは次の積み重ねを大切にしています。
・どんなことでもまずは子どもの話を受け入れる（傾聴・共感）
・問題を通して未来が少しでも明るくなる言葉がけをする
・教師に話すことで解決に近づいたと子ども自身が実感をもてるように心がける＝教師に話してよかったと思える経験にする

　すなわち，その問題を一生懸命考えることが大切です。私は，女子の問題は特に緊張レベルをマックスに引き上げて考えるようにしています。なぜなら，たったひとつの抜けで信頼関係が崩れてしまうことがあるからです。逆にいえば，その問題が解決に近づくと信頼関係が大きく強まります。ぜひ，先生に話してみようと思ってもらえる普段の言葉がけから大切にしましょう。

授業外での場面

全学年

明日も会えるの楽しみにしているよ

教　材	なし
使用場面	帰りの場面
タイプ	すべての子ども
ねらい	明日への期待をもつようにする

　私にとって子どもたちが「学校に行きたい！」と思ってくれることは，最高の喜びです。子どもたちは，元々みんな小学校を楽しみに入学してくれているように思います。しかし，いろいろな理由で学校へ行きたくなくなる子どもたちが全国的にいるのも現実ではないでしょうか。

　学校へ行くことがすべてではありませんが，子どもたちがたくさんの時間を過ごす学校が行きたい場所になってくれたら毎日がとても幸せになるように思います。ではどうやったら，その学校という場所を楽しみにできるのでしょう。私は，理由は一つだけではなく，様々な理由をもてるとわくわく度が上がってくるように思います。

・自分を認めてくれる
・仲のよい友達がいる
・遊びが楽しい
・授業が楽しい
・先生が好き

など様々な可能性があるかと思います。

　その小さな一部になってくれたらと「明日も会えるのを楽しみにしているよ！」という言葉がけを大切にしています。もし，一日の学校生活において何か嫌なことがあったとしても，帰りに「〇〇君に明日も会えるのを楽しみにしているよ！」の一言で学校へ行く気になってくれたら，こんなに嬉しいことはありません。ぜひ子どもたちが明日を楽しみにできる言葉がけを大切にしましょう。

99
なんだかすごく成長を感じるよ

教　　材	なし
使用場面	子どもとの会話
タ イ プ	授業で気になる子
ね ら い	子どもたちの変化に目を向ける

　学校には様々なタイプの子どもたちがいます。そのすべてが個性的で，毎日が楽しさでいっぱいです。その中で大人が想像している以上に，子どもたちは日々変化し成長しています。毎日子どもたちと過ごしていると，その変化を感じにくいかもしれません。しかし，落ち着いて子どもたちの様子に目を向けると，できるようになったことがとても増えていたり，優しさいっぱいの声をかけてくれたりと驚きの連続です。その変化に感動し，たくさんの言葉をかけていきたいですね。まずは子どもたちの様子に目を向けて子どもは日々変化しているという強い想いをもってみましょう。

　成長を感じる瞬間は，次のようなときです。

・泣いている回数が減った
・怒鳴って怒っていた声が少し小さく（コントロールできるように）なった
・自分の反省が言えた
・譲ってくれた
・失敗を「そういうこともあるよ！」と励ます
・揉めたときに相手の話を聞けるようになった
・手が出なくなった

　きっと子どもたちの様子に落ち着いて目を向けることができると，どんどん成長が発見できると思います。そこで「なんだかすごく成長を感じるよ」と言葉がけします。具体的な発見の後に伝えるととても効果がある言葉だと思います。ぜひ子どもたちの様子に目を向けてみてください。

100

みんな，大好き

教　　材	なし
使用場面	学校生活において
タ　イ　プ	すべての子ども
ね　ら　い	子どもたちと小さな信頼関係を積み重ねる

　最後は，「みんな，大好き」を選びました。やはり自己肯定感につながるすべてはこの言葉からだと思います。自分のことを好きになれれば，きっと他の人にも優しくなれると思っています。また，この言葉の大切さを教えてくださり今は天国へ旅立たれた小宮路先生への感謝の気持ちも込めてこの言葉がけをご紹介したいと思います。

　私は，新任のころ小宮路先生に出会えたことが，教育者としての大きなターニングポイントだったと日々感じています。それは，先生自身が私たち大人を含めて心から一人ひとりを認めてくださり，その中で，教育において大切なことは個を認めることだと教えてくださったからです。言葉だけでなく実際に実践して伝えてくださったことはこのうえない説得力でした。

　先生のセミナーに行くと「今日も来てくれたんだね。ありがとう！」と来たこと自体を認めて，活動中に「岩井先生，大好き！」といつも言ってくださいました。そのときに心が温かくなった記憶はずっと自分の中に残っています。そして，その言葉をいただいたときに，意外と「大好き」という言葉は言われていないことに気づいたこともよく覚えています。

　同時に，自分も言っていないことに気づきます。これだけ心が温かくなることを体感しているにもかかわらず，使っていないことが不思議になりました。もしかしたら日本の文化的にあまり使ってこなかったのかもしれません。素敵な言葉とわかっていても使わなければ効果を発揮できません。また，子どもたちを心から大好きと思えることも大切なポイントです。

　ぜひ，純粋無垢でかけがえのない子どもたちの存在にこの言葉がけをたくさん使えるように，子どもたちの素晴らしさを見つけていきましょうね。

おわりに

　本書を書かせていただくことになり，今まで以上に子どもたちの様子を注意深く見るようになったと感じています。そこで気づいたことは，私たち大人が子どもたちに言葉がけをするというより，子どもたちが私たち大人にたくさんの愛情あふれる言葉がけをしてくれているということでした。子どもたちからたくさんの言葉をもらったとき，とても心地よく幸せな気持ちでいっぱいになります。

　どうしてこんなに心地よいのか，自分の心を探ってみると３つのことが浮かんできました。

・先生という存在に声をかけようと思ってくれた心
・笑顔で声をかけてくれたこと
・気持ち（心）から出ている言葉として伝わってきたこと

　この発見で，私自身も今まで以上にたくさんの前向きな言葉を子どもたちに伝えたくなってきました。そのためには，子どもの存在自体を心から認め，子どもの前向きな瞬間に感動できる「心」を自分自身でもてなければと感じます。

　これまで私は，職場やたくさんの研修会などを通して素晴らしい先輩方・同僚に出会ってきました。私が尊敬する教育者の方々に共通していることは「子どもに対しての見方をアップデートし続ける」ということがポイントだと感じます。言葉がけそのものを学ぶのではなく，想いの結果に言葉があるという捉え方。すなわち言葉がけは想いによって変化できるということです。

　そうなると，磨くべき視点は言葉の語録を増やす前に「子どもの見方」という教育的な部分であることが見えてきます。見る視野が広がってくると子どもの小さな変化に感動できる「心」が芽生え，言葉がけは自然に広がってくるものだと思います。

時代は今，想像を超える速さで変わってきています。以前までは普通であった教育法も時代に合わせて変化することはとても大切です。元々，教育指針の大きな方向性は戦後に固まったものでその指針の中心は「標準化」「コンプライアンス（法令や規律の遵守）」だと言われています。そこで指針が決まった頃から時代は大きく動いていますが，教育の世界の変化はそれに比べて動きが遅いことが指摘されています（白井俊，2020）。だからこそ，これまでやってきた教育実践を軸にアップデートし続ける習慣は重要な要素であるように感じます。

「間違ってはいけない」
↓
「間違えたということはやってみようと思ってくれた証。きっと変われるよ！」
（アプローチのアップデート）

どちらも間違いに焦点を当てていますが，アプローチはまったく違います。いわゆる前者は「標準化」（みんな同じでなければいけない）時代の言葉がけ，後者は未来に希望をもてる言葉がけ，だと感じます。きっと，このような変化こそがアップデートなのかなと感じています。我々大人の「心」の変化で伝え方も大きく変わっていくと思います。

言葉がけは日ごろから私自身いつも試行錯誤している分野です。きっとこれからも模索し続けていくのだと思います。その中で，本書を読んでくださった先生方はきっと同じように言葉がけに試行錯誤されているのではないでしょうか。私は，その姿勢こそがすでに「子どもの見方のアップデート」が始まっている証だと思います。本書を手に取って下さったすべての方に感謝をお伝えすると同時に，アップデートをし続ける先生方が「大好き!!」です。

いつか読んでくださった方々に対面でお会いできる日を楽しみにしています。

最後まで読んでいただきありがとうございました。

岩井　智宏

参考文献

・秋田喜代美編集『対話が生まれる教室　居場所感と夢中を保障する授業』（教育開発研究所，2014）

・岩井智宏著『授業をもっとアクティブに！　小学校音楽「常時活動」のアイデア100』（明治図書，2020）

・岩井智宏，山中和佳子監修『DVD　はじめてのリコーダー』（全音楽譜出版社，2021）

・島村華子著『自分でできる子に育つ　ほめ方　叱り方』（ディスカヴァー・トゥエンティワン，2020）

・白井俊著『OECD Education2030プロジェクトが描く教育の未来』（ミネルヴァ書房，2020）

・中室牧子著『「学力」の経済学』（ディスカヴァー・トゥエンティワン，2015）

・R. リチャート，M. チャーチ，K. モリソン著，黒上晴夫，小島亜華里訳『子どもの思考が見える21のルーチン』（北大路書房，2015）

【著者紹介】
岩井 智宏（いわい ともひろ）
武蔵野音楽大学卒業，同大学院修了。「音楽を通した人間教育」をテーマに様々な研修会，研究会に参加。近年では，イギリス，ハンガリー，アメリカと海外へ渡り日本以外の音楽教育にもふれ，さらなる音楽の可能性を研究している。平成30年度，文部科学省・国立教育政策研究所より依頼を受け実践協力校として教科調査官来校のもと授業を提供した。令和元年度，日本音楽教育学会第50回東京大会（東京藝術大学）にて常任理事会企画プロジェクト研究で世界的民族音楽研究者である Patricia Shehan Campbell の推奨する教材と民族音楽指導法「5つのペタゴジー」（World Music Pedagogy）を用いて公開授業を行う。これまでに東京私立初等学校協会音楽部会主任，日本私立小学校連合会音楽部会運営委員を務める。東京私立清明学園初等学校教諭を経て現在，神奈川私立桐蔭学園にて音楽の教鞭をとる。その傍ら，音楽授業セミナー音楽授業ファクトリーを筑波大学附属小学校の平野次郎氏とともに主宰，活動の幅を全国へと広げている。また，ピアノ演奏活動も行っており様々な合唱団等のピアニストを務め，ソロコンサート等も開催している。

〔本文イラスト〕せのお まいこ

音楽科授業サポート BOOKS

子どもがもっとアクティブに！
小学校音楽「言葉がけ」のアイデア100

2021年11月初版第1刷刊 ©著 者	岩 井 智 宏	
発行者	藤 原 光 政	
発行所	明治図書出版株式会社	

http://www.meijitosho.co.jp
（企画）赤木恭平（校正）宮森由紀子
〒114-0023 東京都北区滝野川7-46-1
振替00160-5-151318 電話03（5907）6701
ご注文窓口 電話03（5907）6668

＊検印省略 　　組版所 藤 原 印 刷 株 式 会 社

本書の無断コピーは，著作権・出版権にふれます。ご注意ください。

Printed in Japan
JASRAC 出 2106368-101
ISBN978-4-18-360936-6

もれなくクーポンがもらえる！読者アンケートはこちらから
→